Üben im Leseunterricht der Grundschule

Annegret von Wedel-Wolff

westermann

Das Titelbild fotografierte *Klaus Günter Kohn*.

1. Auflage   Druck   7   6   5
Herstellungsjahr   2006   2005   2004

© Westermann Schulbuchverlag GmbH, Braunschweig 1997

Lektorat: Ulrike Jürgens
Druck und Bindung: westermann druck GmbH, Braunschweig

ISBN 3-14-**16 2031**-8

Inhalt

Üben im Unterricht
Zum Begriff Üben 5
Der Stellenwert des Übens im Unterricht 5
Üben im Rahmen der Leistungserziehung 6
Übungsprinzipien 8

Üben im Lernbereich Lesen 18
Übungen zur Schaffung von Lesemotivation 18
Vorlesen von Kinderliteratur 19
Individuelle Ausrichtung von Texten 19
Freie Auswahl von Texten 23

Lesespiele im integrativen Deutschunterricht 31
Lesespiele in Verbindung mit der Erarbeitung der Satzarten 32
Lesespiele in Verbindung mit der Erarbeitung der Wortarten 36

Übungen zum Erlesen von Texten 49
Erarbeitung von Teilen des Wortschatzes .. 49
Lesehilfen durch leseerleichternde Zeilenanordnung 50
Wiederholtes Lesen des Textes durch darstellendes Spiel 53

Übungen zur Ausgestaltung der Lesestrategien 53
Zum Leseprozess 54
Lesestrategien von Kindern 55
Übungen zur Ausgestaltung der Lesestrategien im Kontext 60
Übungsbereiche zur Ausgestaltung der Lesestrategien 63
Übungen zur Nutzung von Sinnstützen und syntaktischen Begrenzungen 65
Übungen zum Aufbau einer Sinnerwartung und zur Hypothesenprüfung 65
Übungen zum Gliedern von Sätzen in größere Einheiten 73
Übungen zum Überprüfen von Hypothesen auf der Buchstabenebene 75
Übungen zur Nutzung von bekannten Wörtern und Wortteilen ... 78

Leseanalyse als Voraussetzung für eine gezielte Förderung 88

Arbeitstechniken im Bereich des weiterführenden Lesens 92
Den Inhalt eines Textes wiedergeben 92
Gezielt Informationen aus einem Text entnehmen/ Stichwortzettel schreiben 96
Texte vortragen 101

Anmerkungen 110

Literatur 114

Üben im Unterricht

Zum Begriff Üben

Üben ist ein notwendiger und unverzichtbarer Bestandteil des Lernens. „Üben ist die Fähigkeit des Menschen, durch Wiederholung, durch wiederholtes Tun eine Fertigkeit zum einen heranzubilden und zum anderen dann zu verfeinern, in ihrem Volumen zu vergrößern und in ihrem Ablauf zu beschleunigen."[1] Es ist ein absichtsvolles Tun, das auf die Verbesserung von Fähigkeiten, Fertigkeiten und Haltungen angelegt ist. Üben ist daher mit Verständnis und Einsicht verbunden und unterscheidet sich von mechanischem, für das Kind sinnlosem Drill. Üben zielt darauf, geistige Funktionen, motorische Abläufe, Einstellungen und Haltungen auszubilden, weiterzuentwickeln, zu festigen, zu automatisieren, um sie auf Dauer verfügbar zu machen und sie leichter, möglichst geläufig zu bewältigen und zu beherrschen. Der Weg führt dabei vom Einüben zum Können und Ausüben, bei dem das Geübte in neuen Situationen erprobt und ausgestaltet wird.[2] Das Ausüben selbst stellt gleichzeitig auch immer ein Üben dar.

Zum Üben gehören als Merkmale Wiederholung und Rückmeldung. Üben ist dabei nicht bloße Wiederholung, sondern eine absichtsvolle, zielgerichtete und möglichst in verschiedenen Zusammenhängen durchgeführte Aktivität mit dem Ziel der Verbesserung des Tuns. Damit sich beim Üben nichts Falsches einschleift, muss möglichst eine sofortige Rückmeldung über den Erfolg des Tuns erfolgen.

Der Stellenwert des Übens im Unterricht

Im Unterricht nimmt Üben einen hohen Stellenwert ein. Wir können davon ausgehen, dass ca. zwei Drittel der Unterrichtszeit dem Üben gewidmet sind. In keinem Lehrplan fehlt ein Hinweis auf die Notwendigkeit regelmäßigen Übens im Unterricht. Ohne Üben kann sich Wissen nicht festigen, können bestimmte Fähigkeiten nicht bis zum „Können" ausgebildet werden, kann Gelerntes oft nicht eingeprägt und auf neue Zusammenhänge übertragen werden. Üben schließt vielfältiges Wiederholen und Anwenden ein. Die sichere Verfügbarkeit von Grundwissen und Grundfertigkeiten, der sichere Zugriff auf Arbeitstechniken, das Beherrschen bestimmter Fertigkeiten entlasten das Lernen und machen den Weg für weiteres Lernen frei. Durch Üben wird jeweils ein Fundament geschaffen, auf dem sich aufbauen lässt.

Otto F. Bollnow unterscheidet einerseits zwischen Einprägen (Memorieren), Sichern, Festigen eines Wissensstoffes und andererseits dem Einüben einer noch unvollkommenen Fertigkeit, die es schrittweise zu verbessern gilt.[3] Ausdrücklich klammert er im Bereich des Übens das Auswendiglernen und das Sichern und Festigen eines Lernstoffes aus und übt in diesem Zusammenhang Kritik an der didaktischen Literatur: „Hinzu kam der schon erwähnte Umstand, dass man meist nicht zwischen Einprägen (Memorieren) eines Wissensstoffes und dem Einüben einer Fähigkeit unterschied und so unter dem Titel der Übung manches behandelt wurde, was, wie das Auswendiglernen (von Vokabeln und Jahreszahlen und auch Gedichten), gar nicht in diesen Zusammenhang gehört."[4] Er führt weiter aus, dass beim Einprägen die Aufmerksamkeit auf dem Stoff, beim Üben aber auf dem richtigen Vollzug liegt.[5]

Arbeitstechniken vermitteln den Kindern den richtigen Vollzug. Daher gilt es, für das Üben Arbeitstechniken einzuführen und bewusst immer wieder anzuwenden. Wenn Informationen aus einem Text entnommen, Texte für das Vortragen vorbereitet werden sollen, geht es um den richtigen „Vollzug" dieser Tätigkeit und um das wiederholende Einüben einer Lernstrategie oder Arbeitstechnik, damit diese so geläufig beherrscht wird, dass sie auf Dauer verfügbar ist und auf andere Texte und Gebiete übertragen werden kann. Wir schließen also das Üben und Anwenden von Arbeitstechniken bewusst beim Üben ein.

Üben im Rahmen der Leistungserziehung[6]

Kinder wollen etwas „können". Die Gewissheit „Ich kann das" oder „*Das* kann ich schon" oder „Das kann ich sicher auch noch lernen" gibt Vertrauen in eigene Fähigkeiten, eine Voraussetzung, um sich dem mühevollen Üben zu unterziehen. Andererseits ist Üben die Voraussetzung für „Können". „Alles Üben ist ... auf ein Können bezogen. Es zielt auf ein Können, und umgekehrt ist jedes Können nur auf dem Weg über das Üben erreichbar."[7] Das Erfahren eines Könnens, das sich durch Übung einstellt, und damit auch einer Leistung nach willentlicher Anstrengung ist ein entscheidender Baustein im Rahmen der Leistungserziehung. *Ilse Lichtenstein-Rother* schreibt dazu: „Leistungsbereitschaft als Leistungswollen basiert auf Leistenkönnen. Jedes Kind braucht Könnenserfahrung, wenn der Leistungswille gesteigert werden soll."[8] Die Erfahrung „Ich kann etwas", „Üben (und damit Anstrengung) hat Erfolg" fördert Leistungsvertrauen und Leistungsbereitschaft und damit den Willen zum Leisten.

Anhand des Bilderbuchtextes „Augustin und die Trompete" von *Max Bolliger* sollen Aspekte der Leistungserziehung und des Übens illustriert werden.[9]

Augustin und die Trompete

Es war einmal ein kleiner Junge. Er hieß Augustin. Augustin, wie sein Vater, wie sein Großvater, wie sein Urgroßvater, wie sein Ururgroßvater.

Augustins Vater war ein berühmter Feuerschlucker, wie sein Vater, wie sein Großvater, wie sein Urgroßvater.

Augustins Vater schluckte Feuer wie Wasser. Er spuckte Flammen aus wie Kirschkerne. Er setzte sich einen brennenden Zylinder auf den Kopf und jonglierte mit Fackeln.

Augustin wohnte mit seinen Eltern im Zirkus, in einem roten Wohnwagen. Er half dem Vater bei der Vorstellung. Natürlich sollte auch aus dem kleinen Augustin ein Feuerschlucker werden. Aber er fürchtete sich vor dem Feuer. Er ließ es oft ausgehen, bis der Vater zornig wurde und sagte: Aus dir wird nie ein Feuerschlucker!

Eines Tages sagte die Seiltänzerin: Der Junge wird ja immer kleiner! Oder täusche ich mich? Sie täuschte sich nicht. Augustin wuchs nicht mehr in die Höhe, sondern in den Boden hinein.

Die Eltern erschraken. Er ist krank, dachte die Mutter. Sie ging mit ihm zum Doktor. Der Doktor untersuchte den Jungen. Ich weiß, was ihm fehlt, sagte er. Er soll jeden Tag Gemüsesuppe essen und drei Vitaminpillen schlucken! Aber weder die Suppe noch die Pillen halfen. Augustin wurde kleiner und kleiner.

Die Eltern waren verzweifelt. Er ist immer noch krank, dachte die Mutter. Sie ging mit ihm zum Zauberer. Der Zauberer schaute dem Jungen in die Augen. Ich weiß, was ihm fehlt, sagte er. Er soll auf einem Katzenfell schlafen und einen Haifischzahn um den Hals tragen. Aber weder das Katzenfell noch der Haifischzahn halfen. Augustin wurde kleiner und kleiner.

Ein Zwerg wird aus ihm, aber nie ein Feuerschlucker, sagte der Vater. Als Augustin das hörte, wurde er rot und wieder ein bisschen kleiner.

Augustin war darüber nicht traurig. Die Seiltänzerin schenkte ihm aus Mitleid Schokolade. Der Dompteur ließ ihn auf dem Löwen reiten. Der Jongleur spielte Ball mit ihm. Die Akrobaten wiegten ihn auf ihren Armen.

Augustin war nun zu klein, um das Geschirr abzutrocknen. Augustin war sogar zu klein, um Kartoffeln zu schälen. Augustin war zu klein, um Besorgungen zu machen. Augustin war zu klein, um sich selbst zu waschen und zu kämmen. Und natürlich war er zu klein, um dem Vater beim Feuerschlucken zu helfen. Darüber war er froh.
...

Der Wille zur Leistung wird blockiert; einmal durch die Erfahrung des Nichtkönnens, die in unserem Beispiel durch hohe Erwartungen von außen und Angst zustande kommt, zum anderen dadurch, dass die Fähigkeit abgesprochen wird, die geforderte Fertigkeit zu lernen. Hier wird deutlich, was *Walter Bärsch* in seinem Aufsatz „Der Pädagoge als Anwalt des Kindes" fordert: „Wir dürfen unsere Schüler nicht zum Können zwingen, indem wir das Nichtkönnen diffamieren. Das Gegenteil gilt: Nur dort, wo das Nichtkönnen auch seine legitime Chance hat, wird Können überhaupt erst möglich. Zwang zum Können macht Angst vor dem Versagen. Das Akzeptieren von Nichtkönnen macht Mut zur Leistung."[10] Das Kind weicht schließlich jeder Anforderung aus, es hat Hilflosigkeit gelernt[11], wird wieder zum Baby und vergibt die Möglichkeit, ein Selbstwertgefühl und Selbstachtung aufzubauen, die durch aktives Tun, durch Leisten, die Erfahrung des Könnens und damit verbunden die Anerkennung durch andere gespeist werden. Das Kleinerwerden von Augustin zeigt deutlich das abnehmende Selbstwertgefühl. Damit ist der Misserfolgskreis, auch Teufelskreis genannt, angesprochen. Es wird deutlich: „Leistungsbereitschaft als Aufgabenhaltung" und „Leisten als Selbstbeanspruchung und Selbststeuerung" können nicht durch nur von außen gesetzte Aufgaben und Ziele, die dem Kind keinen Freiraum für Eigeninitiative und eigene Entscheidungen lassen, entwickelt werden.[12]

Aus anthropologischer Sicht gehört „etwas leisten zu wollen und leisten zu dürfen" zu den Grundbedürfnissen des Menschen. Er erfährt dadurch seinen Selbstwert. Der Antrieb dazu kommt nicht nur von außen, sondern auch von innen, „aus dem Bedürfnis, sich anzustrengen, etwas zu Wege bringen zu wollen, sich selbst neu über Anstrengung, Mühe und Erfolg bestätigen zu dürfen".[13] Das Selbstwert-Erfahren durch Leistung und damit auch durch Übung erhält nach *Siegfried Baumann* Verstärkung durch

„- das Erlebnis der Selbstständigkeit beim Vollzug einer Leistung,
- die Freude über das Gelingen eines Werkes oder einer Sache,
- Anerkennung durch andere Personen".[14]

Das bedeutet, dass im Rahmen der Leistungserziehung und damit auch des Übens Kindern Raum und Zeit für das selbstständige Erproben von selbst gewählten Aufgaben und das Ansteuern von Zielen gewährt, dass an ihrer Freude Anteil genommen werden muss und Anwendungsmöglichkeiten für das neue Können angeboten werden müssen. Leistungserziehung ist mit sozialen Beziehungen verbunden und muss in sozialen Situationen angesiedelt werden.

… Darüber war er (Augustin) froh, bis er eines Tages hörte, wie der Zirkusdirektor zum Clown sagte: Der arme Augustin! Er wird nicht nur kleiner, er wird auch dümmer! Der kleine Augustin verkroch sich in eine leere Hundehütte unter einem Wohnwagen. Der arme Augustin, dachte er, er wird nicht nur kleiner, er wird auch dümmer. Und dann fing er an zu weinen.

Doch nach einer Weile kroch er wieder zur Hundehütte hinaus. Vielleicht stimmte, was der Direktor gesagt hatte. Augustin zählte seine Finger und Zehen. Er zählte daneben. Aber als er nicht müde wurde, es immer wieder neu zu versuchen, gelang es ihm.

Er faltete aus Papier ein Schiff. Es wurde eine Mütze daraus. Aber als er nicht müde wurde, es immer wieder neu zu versuchen, gelang es ihm.

Er zeichnete einen Elefanten. Es wurde ein Nashorn daraus. Aber als er nicht müde wurde, es immer wieder neu zu versuchen, gelang es ihm.

Er stand auf dem Kopf. Er fiel wieder auf den Bauch. Aber als er nicht müde wurde, es immer wieder neu zu versuchen, gelang es ihm.

Bravo! sagte jemand. Es war der Clown. Er saß vor seinem Wagen und schaute dem kleinen Augustin zu. Bravo! Das hast du gut gemacht! Ich will dir etwas schenken! Es war seine alte Trompete.

Augustin versuchte, darauf zu spielen. Aber es war so schwierig, dass Augustin nicht nur einen Tag, sondern viele Tage darauf üben musste. Aber als er nicht müde wurde, es immer wieder neu zu versuchen, gelang ihm eine Melodie. Dann gelangen ihm zwei Melodien, drei Melodien … immer mehr. Je mehr Melodien Augustin spielen konnte, desto glücklicher wurde er. …

„Auf dem Wege zu seiner Identität sucht das Kind Bestätigung. Triebkraft ist dabei die Hoffnung auf Erfolg."[15] Die Erfahrungen des Könnens und der Anerkennung „stärken die Selbstachtung, kräftigen das Selbstwertgefühl, wecken Bereitschaft für neue Anstrengungen, schaffen neue Motivation für Leistung".[16] Damit ist der Erfolgskreis, das Bekräftigungslernen angesprochen. Durch Anstrengung und Übung baut Augustin sein Selbstwertgefühl auf. Nachdem der Leistungswille und damit eine Motivation etwas zu können da sind, wird mit hoher Anstrengungsbereitschaft, mit viel Durchhaltevermögen, mit vielen Wiederholungen die noch unvollkommene Fertigkeit zum „Können" geführt und die oben genannten Verstärker greifen. Es wird deutlich, dass im Rahmen der Leistungserziehung Konzentration und Durchhaltevermögen unterstützt und entwickelt, Selbststeuerung gelernt und Aufgabenorientierung in Verbindung mit selbst gewählten oder auch gesetzten Zielen und Aufgaben eingebracht werden müssen.[17]

Augustin wird in der Geschichte zum Musiker.

Der Direktor ließ den kleinen Augustin mit dem Zirkusorchester ein Solo spielen. Die Zuschauer klatschten. Die Mutter war glücklich. Und auch der Vater war so begeistert, dass er nie mehr sagte: Aus dir wird nie ein Feuerschlucker!

Aber das Wichtigste habe ich beinahe vergessen. Jedesmal, wenn Augustin nicht müde wurde, etwas immer wieder neu zu versuchen, wuchs er ein bisschen in die Höhe. Daran sind die Gemüsesuppe und die Vitaminpillen schuld, sagte der Doktor. Daran sind das Katzenfell und der Haifischzahn schuld, sagte der Zauberer. Augustin ließ ihnen den Glauben. Er wusste es besser.

Hier wird der „Geist des Übens", den *Otto F. Bollnow* herausarbeitet, deutlich. Die Freude am Üben, die gesammelte Hingabe an das Tun und das Gefühl des Könnens führen zu einer inneren Wandlung des Menschen. Das Üben ist ein Weg zur inneren Freiheit. Deutlich wird auch in dem Beispiel, dass Lernen, und damit auch Üben, in erster Linie eine Aufgabe des Lernenden selbst ist. Das Kind selbst muss Agent seines Lernens und Übens sein.

Übungsprinzipien

Bezieht man die Aspekte der Leistungserziehung auf das Üben, das einen Teil davon ausmacht, so sind folgende Forderungen an das Üben zu stellen:

Die Bereitschaft zum Üben soll erhalten oder geweckt werden.
Es zieht sich wie ein roter Faden durch die Literatur zum Üben[18], dass nur durch Übungsbereitschaft oder, wie es *Manfred Bönsch* noch deutlicher fasst, durch den „Willen zur Übung" Übungen Aussicht auf Erfolg haben und dass gleichzeitig Übungserfolg neue Übungsbereitschaft weckt.[19] Schule hat den Willen zur Übung auszubilden und zu erhalten; er wird durch das Vermitteln von Zutrauen in die Fähigkeiten des Kindes und durch Erfolgserlebnisse bei der Übung immer wieder angeregt. Beim Üben müssen wir den Erfolgskreis anstreben und Teufelskreise vermeiden.

Wolfgang Knörzer hat differenziert herausgearbeitet, wie die motivationale Steuerung des Lernverhaltens emotional und kognitiv fundiert ist und welche Auswirkungen Erfolg oder Misserfolg auf das Fähigkeitsselbstbild, den Arbeitsprozess, die eigene Leistungsbewertung, auf Anstrengungsbereitschaft und Anspruchsniveau haben.[20] Seine Grafik zum Erfolgskreis veranschaulicht diese Bezüge:

Die Erfahrung des Erfolgs vermittelt dem Schüler beim Üben positive Gefühle und für das weitere Üben Zuversicht, er glaubt, es schaffen zu können. „Das beflügelt ihn, das gibt ihm Gelassenheit, das gibt ihm Ausdauer. Die positive Grundstimmung hält die Belastungen, denen man bei sehr vielen Arbeitsprozessen ausgesetzt ist, in Grenzen. Das fördert die Konzentration auf die Sache und die Flexibilität des Denkens."[21]

Damit sind Aspekte, die Üben ausmachen, wie Gelassenheit, Ausdauer, Durchhaltevermögen, Konzentration auf die Sache, angesprochen. Durch den Erfolg und die Erfolgszuversicht wird die Übungsmotivation erhalten. Es gilt, beim Üben Erfolgskreise anzustreben.

Übungsbereitschaft und Übungsfreude dürfen nicht durch ein monotones, langweiliges Übungsangebot verschüttet werden. Kinder empfinden Üben dann leicht als „Drill". Dagegen motivieren vielfältige, handlungsorientierte

Motivationale Steuerung des Lernverhaltens bei erfolgszuversichtlichem Schüler (Erfolgsspirale)

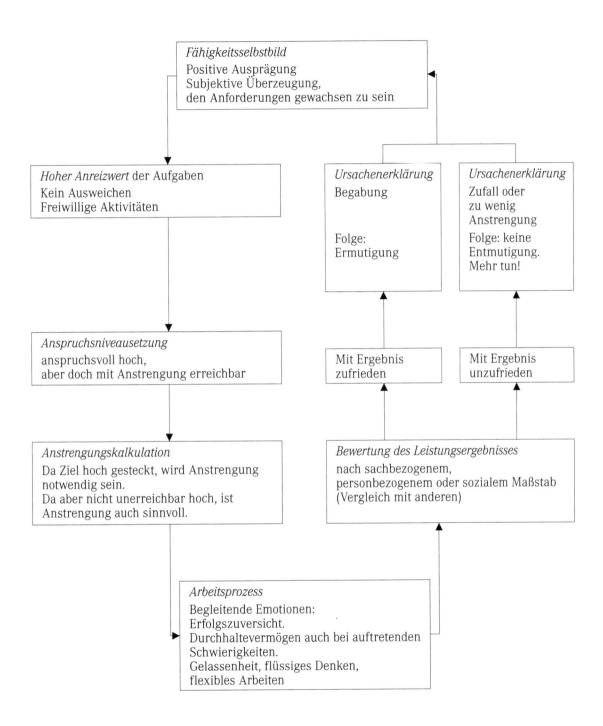

Wolfgang Knörzer: Die psychischen Auswirkungen von Misserfolgen in einem zentralen Schulfach. Arbeitsblatt zum Referat.
6. Fachkongress des Bundesverbandes Legasthenie, Essen 1984

Motivationale Steuerung des Lernverhaltens bei misserfolgsorientiertem Schüler (Teufelskreis)

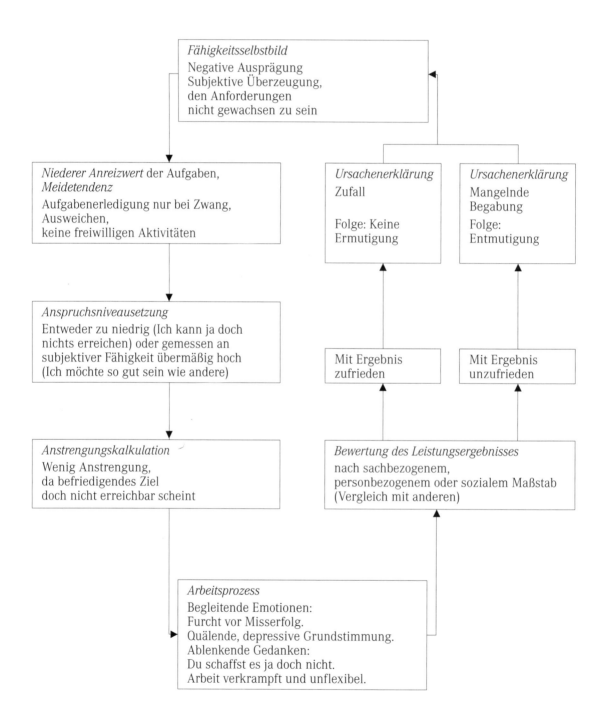

Wolfgang Knörzer, Essen 1984

Übungsangebote, die Möglichkeit der Auswahl von Übungen und das eigene Erstellen von Aufgaben zum Üben.

Übungen sollen so gestaltet sein, dass sie Übungserfolg ermöglichen.
Bei Kindern, die Schwierigkeiten beim Lernen und Üben haben, werden Misserfolgskreise in Gang gesetzt. Die Grafik von *Wolfgang Knörzer* macht diesen Misserfolgskreis deutlich.

Dieser Kreis zeigt, dass misserfolgsorientierte Kinder sich nicht (mehr) den Anforderungen gewachsen fühlen und damit nicht (mehr) die notwendige Anstrengungsbereitschaft zum Üben aufbringen. Durch ihre Ursachenerklärung sowohl bei Übungserfolg als auch bei Übungsmisserfolg kommt es auch bei ersten Übungserfolgen nicht zu einer günstigen motivationalen Steuerung. „Das Fatale an diesen ungünstig ausgeprägten Selbststeuerungssystemen ist, dass sie den Misserfolg selbst produzieren, ungemein stabil sind, ja lebenslang das Verhalten eines Menschen bestimmen können und dass sie auch gegen gezielte pädagogische Beeinflussung sich als unerwartet resistent erweisen."[22] Es ist daher unbedingt zu versuchen, solche Misserfolgsorientierungen gar nicht erst aufkommen zu lassen. Üben ist somit nicht nur aus dem Blickwinkel der Fachdidaktik zu gestalten, sondern auch immer aus dem erzieherischen; es muss an der Förderung der Gesamtpersönlichkeit des Kindes orientiert sein. Daran müssen die Übungen und der Rahmen, in dem sie stattfinden, gemessen werden. Dazu ist es, wie schon aufgezeigt, notwendig, als Lehrerin und Lehrer „Nichtkönnen" und damit die Begrenztheit des Menschen als anthropologische Tatsache zu akzeptieren.[23]

Rosemarie Köhler macht deutlich, wie diese Einstellung Türen zum Lernen und Üben und damit auch zum „Können" öffnet.[24] Übungen müssen wichtig nehmen, was die Kinder *schon* können, und daran anknüpfen. Der Blick von Lehrerinnen/Lehrern, Eltern und den misserfolgsorientierten Kindern selbst ist häufig *nur* darauf gerichtet, was noch nicht gekonnt wird. Es besteht auch die Gefahr, dass das schon Gekonnte für das Üben des noch Unvollkommenen, noch nicht sicher Beherrschten zu wenig als Fundament genutzt und damit auch nicht genügend „ausgeübt", in sinnvollen Situationen angewendet wird.

Um Kindern mit Lernschwierigkeiten Zutrauen in ihre Fähigkeiten zu geben, sie die Erfahrung des Könnens im Klassenverband machen zu lassen, gilt es, den Grundsatz „Vorüben statt Nachüben" zu berücksichtigen. Eine häufig zu beobachtende Praxis sieht so aus, dass im Stützkurs mit den Kindern, die bestimmte Aufgaben nicht verstanden haben oder die viele Fehler im Diktat gemacht haben oder die einen Text nur mit Mühe lesen können, nachträglich der Stoff wiederholt und geübt wird, damit auch sie das Lernziel erreichen. Bei diesem Weg wird immer erst nach dem Versagen des Kindes angesetzt, so dass notgedrungen immer wieder Misserfolgserlebnisse auftreten und das Selbstbewusstsein des Kindes erschüttert wird. Stattdessen sollte man „vorüben", damit die Kinder wieder Mut in Bezug auf ihre Fähigkeiten fassen, damit sie die Erfahrung machen, dass sie eine neu eingeführte Aufgabe gleich verstehen, den zu lesenden Text selbstständig in angemessener Zeit erlesen können und dass sie einmal den anderen Kindern in der Klasse etwas erklären und zeigen können, was die anderen erst lernen müssen. Dies wäre ein Verfahren, durch das das Kind wieder Zutrauen zu sich selbst gewinnen kann, was wiederum Voraussetzung für einen Übungserfolg ist.

Übungen sollen in einer entspannten, angstfreien, vom Zutrauen in die Fähigkeiten der Kinder getragenen Atmosphäre angesiedelt sein.
So wichtig es ist, den Lernprozess von ungünstigen Begleiterscheinungen zu befreien, so wichtig ist es auch, das Lernen mit schönen und angenehmen Ereignissen zu verknüpfen", schreibt *Frederic Vester*[25]. Üben kann nicht in Hektik und unter Druck geschehen. Es ist günstig, vor und zwischen den Übungsphasen mit den Kindern Entspannungsübungen durchzuführen, die sie offen und frei für die Aufgabe machen. Übungen brauchen Zeit, die zur Verfügung gestellt werden muss. Zeit wird nicht nur für den Vollzug, das wiederholte Üben, sondern auch für das Anwenden und die wiederholte Erfahrung des Könnens benötigt. Das bedeutet, Kindern Zeit und Raum zum Erproben und wiederholten Durchführen zu geben und eine Lern-

umwelt zu schaffen, die zum „Ausüben" anregt, wie Leseecke, Pinnwand, Fragekasten, Briefkasten usw.[26] Es gilt zu verhindern, dass Kinder sich ständig mit anderen vergleichen. Das Üben im Rahmen der freien Arbeit fördert stattdessen, dass Kinder sich an den eigenen Fortschritten messen, ihren eigenen Lernweg finden und auch verfolgen können. Dazu ist eine Atmosphäre nötig, die offen für verschiedene Lernwege ist und das Kind bei seinem individuellen Lernweg unterstützt.

Übungen sollen so gestaltet sein, dass sie von den Kindern selbstständig, ohne Hilfe von Erwachsenen durchgeführt werden können.
Heutige Unterrichtskonzepte beruhen auf dem Prinzip der Selbstständigkeit und der Selbsttätigkeit. Ausgangspunkt ist nicht das Lehren, sondern das Lernen des Kindes. Daraus entwickelt sich eine Didaktik, die das Lernen des Kindes herausfordern und stützen will und sich dabei bewusst ist, dass der Lernprozess durch Lehrvorgänge nicht vollständig gesteuert werden kann. Lernen, das wissen wir aus der Lernpsychologie, ist in erster Linie eine Aufgabe des Lernenden selbst, denn Lernen ist weniger ein Ergebnis von Lehrvorgängen als von aktiven selbstständigen Auseinandersetzungen des Lernenden mit dem Gegenstand.[27] Üben ist damit durch eigenaktives, selbst gesteuertes und selbstständiges Tun bestimmt. Das Kind muss sich dabei Fertigkeiten selbst aneignen. Dazu braucht es Methoden.

Auch beim Üben muss differenziert werden. Es gilt eine „optimale Passung" zwischen Übung und Kind herzustellen. Übungen müssen überschaubar sein, kindgemäße, klare Arbeitsanweisungen haben und Selbstkontrolle ermöglichen. Dadurch sind selbstständiges Üben und besonders eine schnelle Rückmeldung möglich.

Kinder sollen für das selbstständige Üben grundlegende Lern- und Arbeitstechniken erwerben und einüben.
„Arbeitstechniken sind der Schlüssel für selbstständiges Lernen."[28] In Arbeitstechniken hat das Kind Methoden, mit denen es selbstständig üben kann. Arbeitstechniken sind sowohl Voraussetzung für selbstständiges, selbst gesteuertes Üben als auch unabdingbarer Übungsstoff.

Sie selbst müssen eingeübt werden. Dies stellt *Uwe Sandfuchs* deutlich heraus:

„- Arbeits- oder Lerntechniken können nicht nebenher erlernt werden. Sie sind nicht 'selbstständiger Fundus', sondern müssen planmäßig vermittelt, geübt und angewendet werden ...
- Arbeitstechniken können das Lernen nur unterstützen und entlasten, wenn sie – durch vielfältige Übung – weitgehend automatisiert sind ...
- Der unbefriedigende Status von Arbeitstechniken in der Schulpraxis spiegelt auch den Stand der Fachdidaktiken, in denen der Unterricht fast ausschließlich fachthematisch und nur relativ selten fachmethodisch akzentuiert ist."[29]

Übt das Kind auf der Basis von gesicherten Arbeitstechniken, kann der Übungsvorgang erheblich verkürzt werden. Es muss nicht erst durch langes Erproben einen möglichen Weg zum Ziel finden, auf dem es auch ungünstige oder falsche Strategien entwickeln kann, die den Übungserfolg verhindern.

Arbeitstechniken im Lesen und Schreiben zu vermitteln und einzuüben, ist nicht nur Inhalt des Deutschunterrichts, sondern stellt eine fächerübergreifende Aufgabe dar. Nachschlagen üben, Abschreiben und Aufschreiben lernen, den Inhalt eines Textes wiedergeben, gezielt Informationen aus einem Text entnehmen, einen Stichwortzettel erstellen, Texte überarbeiten usw. sind grundlegende Arbeitstechniken, die an verschiedenen Unterrichtsinhalten geübt und angewendet werden sollten.

Das Kind soll zunehmend Verantwortung für sein Üben übernehmen.
Wird Eigeninitiative beim Üben angeregt und gefordert, nimmt das Kind sein Üben ein Stück weit selbst in die Hand. Wenn Kinder an den Aufgaben beteiligt werden, selbst zwischen Aufgaben wählen, selbst Entscheidungen treffen können, dann sehen sie einen Sinn in der Aufgabe. Es ist nicht mehr nur eine von der Lehrerin/vom Lehrer „verordnete" Aufgabe, die es eben zu erfüllen gilt, sondern die Aufgabe ist zur eigenen Aufgabe geworden, zu einer Aufgabe, die das Kind persönlich anspricht, die es

selbst erproben und bewältigen möchte, die es herausfordert, an der es sein Können bestätigt sehen kann, eine Aufgabe, die es annimmt und mit der es sich identifiziert.

Im Rahmen der freien Arbeit, der Arbeit mit dem Wochenplan, bei der Arbeit mit Lernkarteien, bei Lernzirkeln, bei der Möglichkeit ganz frei zu wählender Übungen kann das Kind Übungsmaterial, Übungsstoff, Übungsinhalt, Übungsumfang, Arbeitstempo, Verweildauer bei einzelnen Übungen und die Sozialform sowie seinen Arbeitsplatz zunehmend selbst bestimmen. Dazu muss es selbst seine Lernschwierigkeiten und Lernklippen kennen und sie bewusst erfassen, um sie übend überwinden zu können.

Übungen sollen auf ein Ziel ausgerichtet sein.
Kinder müssen beim Üben ein Ziel vor Augen haben. Sie müssen wissen, warum und wozu sie üben. Die jeweilige Übung muss für das Kind bezogen auf ein Ziel sinnvoll sein und so auch erfasst werden. Daher gilt es bei Übungsaufgaben und Übungsmaterialien Kindern immer wieder zu vermitteln, was damit geübt werden kann und wozu es gebraucht wird. Das Üben im Gebrauch, das Lesenüben durch Lesen, das Schreibenüben durch Schreiben, das Erzählenüben durch Erzählen verbindet Ziel und Übung. Besonders günstig ist es, dem Üben ein Ziel durch gemeinsame Vorhaben oder Projekte oder durch das gemeinsame Erstellen von Übungsmaterialien für eine Übungsstunde zu geben.

Üben sollte immer in sinnvollen Zusammenhängen stattfinden; zumindest muss das übende Kind die Funktion der Einzelübung für den Zusammenhang kennen. Isolierte Übungen, bei denen der Bezug zum Ganzen, zum Ziel leicht verloren geht, sind als äußerst problematisch zu betrachten. Besonders auch deswegen, weil die Probleme von Kindern bei so komplexen Vorgängen wie Lesen und Schreiben meist nicht in der mangelnden Einzelfertigkeit, sondern in der Integration dieser Einzelfertigkeit in den Gesamtvorgang liegen und ein flexibler Umgang mit der Fertigkeit je nach Anwendungssituation nicht gelingt. Im Bereich des Schriftspracherwerbs haben die Untersuchun-

gen von *Mechthild Dehn* und *Peter May* ergeben, „dass die Schwierigkeiten schlechter Leser weniger auf der Ebene der Teilprozesse ... liegen, sondern in der Zusammenfügung dieser Teilprozesse"[30] und der schlechten Integration dieser Teilprozesse in den Gesamtprozess des Lesens. Die bis in die 80er Jahre im Bereich der Sonderpädagogik und im Bereich der Lese-Rechtschreib-Schwierigkeiten vertretene Sicht von Teilleistungsschwächen und die damit verbundene Förderung durch isoliertes Teilfertigkeitstraining werden heute als kritisch betrachtet und der Schwerpunkt wird auf die Integration der Einzelfertigkeiten in Anwendungssituationen gelegt. Auf diesem Hintergrund erscheint die von *Otto F. Bollnow* explizit geäußerte Forderung nach isoliertem Üben von Teilleistungen im Bereich des Deutschunterrichts problematisch.

Die Ergebnisse von Übungen sollen sich möglichst in Produkten, im Zeigen einer geübten Tätigkeit, in einer Vorführung u. Ä. niederschlagen.
Durch Produkte und Vorführungen kann die Freude am Gelingen nach wiederholtem Üben Raum finden, sichtbar dokumentiert und immer wieder wahrgenommen werden. Die Anwendung des Geübten sowie die Anerkennung durch andere können dabei zum Tragen kommen. Im Rahmen des Übens sollten z. B. Schmuckblätter ausgehängt, geübte Texte vorgelesen werden (auf dem Elternabend, im Kindergarten, im Morgenkreis, in der Parallelklasse). Aus den Übungen können eigene Bücher entstehen, die selbst wieder neuen Übungsstoff abgeben. Rechtschreibkarteien können aufgebaut werden, die zeigen, welche Wörter schon sicher gekonnt, welche noch geübt werden müssen. Ein besonderer Übungseffekt ist gegeben, wenn Kinder für sich und für andere Arbeitsmittel herstellen. Das trägt in besonderer Weise dazu bei, dass Übungen mit Ernst, Genauigkeit und Ausdauer durchgeführt werden.

Übungen sollen auf der Analyse der Schwierigkeiten und des Könnens der Kinder in den einzelnen Lernbereichen aufbauen.
Übungen setzen eine Analyse des Arbeitsverhaltens, der Lernstrategien, des Könnens und der Schwierigkeiten des Kindes voraus. Erst

wenn die Lernschwierigkeiten, die Lernklippen des Kindes ermittelt sind, können individuell sinnvolle Übungen erstellt werden. Nur auf dieser Basis kann die „optimale Passung" von Übungen erreicht und gewährleistet werden, dass das Kind wirklich auch das übt, was es noch üben muss, dass Lernschwierigkeiten wirklich überwunden und Über- und Unterforderung vermieden werden. Dies verlangt von der Lehrerin/vom Lehrer, die Kinder z. B. in der Freiarbeit genau zu beobachten: Wann und bei welchen Aufgaben/Materialien geht das Kind zügig an die Arbeit, welche Materialien werden bevorzugt gewählt, wann und bei welchen Aufgabenstellungen oder Sozialformen treten für das Kind Schwierigkeiten auf, welche Aufgaben werden umgangen, bei welchen zeigt das Kind Durchhaltevermögen, bei welchen gibt es schnell auf, kann es Hilfe annehmen, Hilfe geben usw.? Bezüglich der Lese- und Rechtschreibstrategien gilt es eine differenzierte Analyse durchzuführen, um dem Kind noch nicht ausgebildete Zugriffsweisen und Strategien zu eröffnen oder auch fehlerhafte wieder abzubauen.

Übungen sollen individuell auf das Kind ausgerichtet sein.
Die individuelle Ausrichtung von Übungen ist unter zwei verschiedenen Aspekten zu leisten. Zum einen sollte sich die Übung inhaltlich an das Kind richten, z. B. durch Texte, die seine Erfahrungen und Interessen aufgreifen, die von ihm selbst, seinen Freunden, seiner Familie, seinem Tier usw. handeln. Zum anderen sollten die Übungen individuell auf die besonderen Schwierigkeiten des einzelnen Kindes ausgerichtet werden. Individuelle Übungen zeigen dem Kind, dass die Lehrerin/der Lehrer es als Person ernst nimmt, sich mit ihm beschäftigt, etwas über es weiß. Dies stärkt sein Selbstwertgefühl, was für die Übungsmotivation von entscheidender Bedeutung ist. Individualisierung und Differenzierung der Übungen bedeutet jedoch nicht, dass das Kind nur für sich allein übt.

Übungen sollen auch soziales Lernen berücksichtigen.
Kinder lernen besonders gut voneinander und miteinander. *Rosemarie Köhler* macht deutlich, dass Kinder Erklärungen von Kindern deshalb auch besser „verstehen", weil Kinder das Nichtkönnen oft vorbehaltloser akzeptieren als Erwachsene. Die Reaktion „Das macht nix." wirkt wie eine Zauberformel.[31] Das Kind fühlt sich verstanden, angenommen von jemand, der selbst kurz vorher das Nichtkönnen in diesem Bereich erfahren hat und nun etwas von seinem Weg zum Können weitergibt.

Das macht Mut und mobilisiert vorhandene Voraussetzungen. Gemeinsam erstellte Übungen und das Üben in Kleingruppen fördern für viele Kinder die Übungsbereitschaft und das Lernen des Übens. Das Zeigen, Erläutern einer Übung von Kindern für Kinder macht den Übungsablauf bewusst. Wichtige Schritte, die bei der Übung beachtet werden müssen, mögliche Klippen beim Ablauf und mögliche Übungsfehler durch falschen Umgang mit dem Übungsmaterial können aus eigener Erfahrung weitergegeben werden. Gemeinsam können Übungsstrategien entwickelt und so kann das Üben gelernt werden. Das Üben in sozialen Bezügen fördert die Sensibilisierung für die Mitlernenden, Kooperation und Kommunikation sowie die Fähigkeit Hilfen geben und Hilfen annehmen zu können.[32]

Übungen sollen alle Sinne einbeziehen.
Die Lernpsychologie stellt das vernetzte Lernen, das Lernen mit allen Sinnen und die Verknüpfung der beiden Gehirnhälften beim Lernen besonders heraus. Kinder haben verschiedene Lernmuster, bei denen jeweils unterschiedliche Lerneingangskanäle bevorzugt eingesetzt werden. Die Nutzung möglichst vieler Sinne beim Lernen fördert die Verankerung und die Integration des Geübten in das bereits Vorhandene. Durch vielfache Vernetzung der aufgenommenen Information (visuell, verbal, motorisch, sensorisch) werden beide Gehirnhälften aktiviert und wird die Speicherung des Geübten unterstützt. Das Geübte kann so auch unter verschiedenen Gesichtspunkten abgerufen werden. Üben unter Berücksichtigung verschiedener Wahrnehmungskanäle bietet verschiedenen Lerntypen passende Ansatzpunkte. Dabei ist zu beachten, dass verschiedene Aufgaben und Situationen unterschiedliche Verarbeitungsweisen herausfordern und aktivieren können. *Bernd Weidenmann* schreibt dazu: „Statt überdauernder Lerntypen findet man innerhalb

jeder Person eine Vielfalt von Verarbeitungsweisen, deren Einsatz abhängt von der Aufgabe, den wahrgenommenen Informationen, der Erinnerungssituation und anderen Bedingungen."[33] Für diese vielfältigen Verarbeitungsweisen müssen Kinder zunächst aber einmal ein Repertoire ausbilden, einüben und in verschiedenen Anwendungssituationen nutzen lernen.

Übungen in der Grundschule sollen handelndes und spielerisches Lernen in besonderem Maße berücksichtigen.
Kinder im Grundschulalter lernen vornehmlich handelnd, durch Nachahmung und Spiel, durch produktives und kreatives Tun. Unsere Sprache macht dies deutlich: Wir „be-greifen" etwas, wir „er-fassen" Zusammenhänge, wir „stellen" uns etwas „vor", wir gewinnen „Ein-sicht" in etwas. Immer ist konkretes Tun angesprochen. *Frederic Vester* fordert daher, „das rein begriffliche Lernen dadurch zu ergänzen, dass man – wie es gute Lehrer längst tun – andere Sinnesorgane mit einbezieht". Besonders hebt er dabei im Sinne des handelnden Lernens das haptische Lernen, also das Anfassen und die körperliche Bewegung hervor. „Der Drang bei Kindern, etwas Neues, Unbekanntes anzufassen, ist wahrscheinlich ganz einfach ein Drang, über den eigenen Körper damit vertrauter zu werden."[34]

Handelndes Lernen ist ganzheitliches Lernen. Ganzheitliches Lernen integriert das Denken, die Wahrnehmung mit allen Sinnen und das Handeln. Im handelnden, selbsttätigen Tun wird das Gelernte in die eigenen Erfahrungen integriert, Inhalte und Fertigkeiten werden dadurch erst wirklich angeeignet und auch besser gespeichert. *Karl Odenbach* fasst dies in einem Übungsgesetz zusammen. „Das durch Selbsttätigkeit Erworbene hat größere Aussicht, behalten zu werden, als das lediglich vom Lehrer Übernommene." *Wolfgang Hinrichs* fasst das in der Neuausgabe noch deutlicher: „Das *durch Selbsttätigkeit (Spontaneität)* Erworbene wird erst wahrhaft angeeignet, nicht das bloß vom Lehrer Übernommene (Rezipierte)."[35]

Das Spiel knüpft an kindliche Erfahrungen an. Spielerische Übungsformen berücksichtigen häufig auch den Bewegungsdrang der Kinder. Das gemeinsame Spiel lässt in besonderer Weise die Wiederholung, die ja beim Üben genuiner Bestandteil ist, ohne Motivationsverlust zu. Kinder, die schon häufig Misserfolgserlebnisse mit Schrift gehabt haben, sind innerlich oft schon blockiert, wenn ihnen ein Text zum Lesen oder eine Schreibaufgabe vorgelegt werden. Über Lese- und Schreibspiele, die mit Hilfe von Wortkarten handelnden Umgang erfordern und nur wenig Text auf einmal anbieten, kann bei diesen Kindern eine positive Haltung gegenüber Geschriebenem und dem Umgang damit geschaffen werden. Spielerisch-handelnde Übungen, die in Partner- oder Gruppenarbeit durchführbar sind, regen die Kinder zum Variieren der Spielregeln und oft zum Erweitern und Ergänzen des Materials an.[36] „Offene" Arbeitsmittel, die verschiedene Übungsformen und Veränderungen zulassen, berücksichtigen bei den notwendigen Wiederholungen den Wechsel der Übungsformen, der für die Übungsmotivation, aber auch für das sichere Verfügen des Übungsstoffes wichtig ist.[37]

Übungen sollen auf einer gut durchdachten Einführung aufbauen.
Für die Einführung eines Übungsstoffes gilt: „Von der Klarheit und Intensität des ersten Eindrucks hängen Behalten und Aneignung weitgehend (nicht völlig) ab."[38] Damit ist auch gemeint, dass der Stoff für das Kind einsichtig, klar strukturiert und übersichtlich angeboten werden sollte. Vor allen Dingen sollte er in einem größeren Zusammenhang aufgezeigt werden.[39] *Frederic Vester* hat deutlich herausgestellt, dass es wichtig ist, den neuen Stoff so anzubieten, dass Neugier geweckt wird und die Kinder den unbekannten Stoff mit schon vertrautem Wissen, mit Können und Sinneswahrnehmungen verknüpfen können.

Übungen sollen in einem sinnvollen Zeitrahmen stattfinden.
„Die ersten Übungen und Wiederholungen müssen möglichst bald nach der Einführung stattfinden, da die Behaltenskurve gerade in den ersten Tagen stark abfällt. Kurze, über einen längeren Zeitraum gleichmäßig verteilte (regelmäßige) und oftmalige Wiederholungen sind (für das Langzeitgedächtnis) weitaus ergiebiger als lang andauerndes, gehäuftes Üben."[40]

Da Üben hohe Konzentration erfordert, sollte die einzelne Übungsphase nur kurz sein und forciertes Üben vermieden werden. Wiederholungen sollten nach und nach in immer größeren Abständen eingeplant werden, um das zu Übende auf Dauer verfügbar zu machen. Im Rahmen des Wochenplans lassen sich solche Übungsphasen und Wiederholungsschleifen nach einiger Zeit gezielt einplanen.

Zusammenfassend lassen sich für die Gestaltung von Übungen folgende Kriterien festhalten:

Kriterien zur Gestaltung von Übungen

Übungen sollen
- die Bereitschaft zum Üben erhalten oder wecken;
- so gestaltet sein, dass sie Übungserfolg ermöglichen;
- in einer entspannten, angstfreien, vom Zutrauen in die Fähigkeiten der Kinder getragenen Atmosphäre angesiedelt sein;
- so gestaltet sein, dass sie selbstständig von Kindern, ohne Hilfe von Erwachsenen durchgeführt werden können;
- grundlegende Lern- und Arbeitstechniken einbeziehen und einüben;
- so in den Unterricht einbezogen werden, dass Kinder zunehmend Verantwortung für ihr Üben übernehmen;
- auf ein Ziel ausgerichtet sein;
- sich auch in Produkten, im Zeigen einer geübten Tätigkeit, in einer Vorführung u. Ä. niederschlagen;
- auf der Analyse der Schwierigkeiten und des Könnens der Kinder in den einzelnen Lernbereichen aufbauen;
- individuell auf das Kind ausgerichtet sein;
- auch soziales Lernen berücksichtigen;
- alle Sinne einbeziehen;
- handelndes und spielerisches Lernen in besonderem Maße berücksichtigen;
- auf einer gut durchdachten Einführung aufbauen;
- in einem sinnvollen Zeitrahmen stattfinden.

Für die Gestaltung der Übungen gilt darüber hinaus:
Übungen sollen

- das wiederholte Üben des Lernstoffs zulassen und anregen;
- Differenzierung berücksichtigen;
- abwechslungsreich gestaltet sein;
- Variationen zulassen;
- möglichst Selbstkontrolle beinhalten;
- mit Anwendungssituationen verbunden werden.

Üben im Lernbereich Lesen

Im Leseunterricht ist die Lehrerin/ der Lehrer mit unterschiedlichen Fähigkeiten der Kinder konfrontiert. Dies gilt in besonderer Weise für den Beginn des zweiten Schuljahres.

① Es gibt Kinder, die selbstständig und flüssig fremde und zunehmend schwierige Texte lesen können und Freude am Lesen haben. Diese Kinder gehen oft und gerne in der freien Arbeit in die Leseecke; sie sind eifrige Benutzer der Schul- und öffentlichen Bibliotheken; sie lesen regelmäßig und viel in ihrer Freizeit. Bei diesen Kindern muss keine Lesebereitschaft aufgebaut werden, die Grundlage für das Üben im Lernbereich Lesen ist. Ihre hohe Lesemotivation ist jedoch durch gut ausgewählte Texte und Interesse an ihrer Freizeitlektüre zu erhalten.

② Daneben sind häufig Kinder anzutreffen, die einen Text zwar relativ flüssig vorlesen können, aber nicht verstehen, was sie lesen. Sie lesen rein mechanisch ohne Sinnentnahme, sind also „Rekodierer". Diese Kinder melden sich häufig zum Vorlesen, sie haben Freude am mechanischen Lesevorgang. Aber sie sind noch keine „Leser", da die Sinnentnahme fehlt. Diese Kinder sind erst gezielt zu Lesern zu machen, d. h. sie müssen auf die Sinnspur gesetzt werden.

③ Es gibt aber auch Kinder, die ungern lesen, weil ihnen Lesen noch sehr schwer fällt. Sie mühen sich mit jedem Text ab, lesen häufig noch buchstabenweise und haben daher auch Schwierigkeiten mit der Sinnentnahme. Bis sie am Ende des Wortes angelangt sind, ist der Anfang schon nicht mehr im Kurzzeitgedächtnis gespeichert. Lesen ist für diese Kinder meist mit negativen Begleiterscheinungen und Misserfolgserlebnissen verbunden. („Das kriege ich nie raus. Die ganze Seite schaffe ich nie. Die anderen können das viel schneller. Das kann ich nicht ...") Solche Kinder schrecken vor einem Buch oder vor einem Lesebuchtext zurück. Schon nur einen Satz richtig herauszubekommen, kostet sie erhebliche Anstrengung, wie viel mehr erst ein ganzer Text.

④ Man kann auch Kinder beobachten, die meist schnell lesen, dabei aber gelegentlich Wörter ersetzen und ergänzen, die gar nicht dastehen. Diese Kinder lesen mit Sinnbezug, aber sie überprüfen nicht am Schriftbild, was sie lesen. Für ein genaues Lesen müssen sie gezielt andere Zugriffsweisen auf den Text ausbilden.

Die Beispiele machen deutlich, dass für die Steigerung der Lesefertigkeit Übungen zur Schaffung von Lesebereitschaft, Übungen zur Ausgestaltung von Lesestrategien (zum sinnerschließenden Lesen, zur Ausbildung von verschiedenen Zugriffsweisen auf den Text und deren Zusammenspiel) benötigt werden sowie Diagnoseformen, um die Zugriffsweise(n) des Kindes festzustellen.

Übungen zur Schaffung von Lesemotivation

Da das Schaffen oder Erhalten einer Lesemotivation eine der wichtigsten Aufgaben für die Lehrerin/den Lehrer im Leseunterricht darstellt, muss sie oder er schwache Leser, die auf Grund ihrer geringen Lesefertigkeit ungern lesen, sowie „mechanische" Leser für Texte interessieren und sie „zum Lesen verlocken", außerdem ein ansprechendes Leseangebot für „Gern-Leser" zur Verfügung stellen. Lesen muss das Kind als etwas für es selbst Sinnvolles und Wichtiges erfahren. Es muss neugierig auf Texte werden. Es muss erfahren, dass Lesen etwas Aufregendes ist, dass es sich in Texten wiederfinden kann, dass Lesen Spaß macht, dass es beim Lesen in neue Welten eintauchen kann, dass es durch Lesen Antworten auf Fragen erhalten kann.

Lesenlernen ist ein schwieriger, problemlösender Akt. Problemlösen setzt Interesse und Anstrengungsbereitschaft voraus. Dies wiederum heißt, dass Kinder die Bedeutung des Lesens besonders in lebensnahen Situationen erfahren sollten und dass ein Verfahren angestrebt werden muss, das neben dem konkreten handelnden Umgehen mit Lesematerialien besonders eine produktive Auseinandersetzung mit dem Gelesenen ermöglicht. Gerade das eigene Erfinden von Leseaufgaben oder das

Schreiben und Malen zum Text führen wieder zu Büchern und zu neuen Leseaufgaben für die Klasse. Besonders für Kinder mit Leseschwierigkeiten sind dabei Übungen zu finden, die sie vor kleine, überschaubare Aufgaben stellen, Aufgaben, die sie von ihrer Lesefertigkeit her auch bewältigen können, die ihnen Erfolgserlebnisse vermitteln und Lesen mit Spaß und Freude verbinden.

Lesebereitschaft und Lesefreude ergeben sich dort, wo Kind und Textinhalt zusammengebracht werden. *Gertraud E. Heuß* hat daher folgende Aufgaben für den Lehrer bei der Textauswahl für die Kinder formuliert:

„- Er muss seine Kinder genau kennen lernen, um sie bei der Auswahl ihrer Lektüre individuell zu beraten und ihnen individuelle Anregungen zu geben.
- Er muss die Fragen und Erwartungen der Kinder zum Planungsgesichtspunkt seines Leseunterrichts erheben.
- Er muss versuchen, die Kinder zu Texten finden zu lassen, und nicht ständig Texte an die Kinder heranbringen."[41]

Vorlesen von Kinderliteratur

Das regelmäßige Vorlesen von Kinderliteratur wie auch feste freie Lesezeiten, ein Bibliothekstag, Projektwochen „Rund ums Buch" o. Ä. sollten zu einer ritualisierten Einrichtung werden.[42] *Gordon Wells* hat in der Bristol-Studie herausgefunden, „dass von allen dem Lesen und Schreiben verwandten Tätigkeiten ... Vorlese-Erfahrungen die beste Vorhersage auf einen späteren Schulerfolg zulassen".[43] Die Studie der Bertelsmann-Stiftung zur Lesesozialisation betont auch: „Das regelmäßige Vorlesen ist unbestritten eine der wirksamsten Möglichkeiten, Kindern Freude am Lesen zu vermitteln", schränkt aber ein, dass nur eine kindzentrierte Einstellung zum Vorlesen ohne gezielte didaktische, pädagogische Funktionen sich positiv auswirkt. „Allerdings braucht es eine Atmosphäre der entspannten Zuwendung, des gemeinsamen Interesses an den Geschichten und der intellektuellen Partnerschaft zwischen Erwachsenen und Kindern. Als Pflichtübung der Eltern oder funktionalisiert für andere Ziele wie Schulleistungen, Ruhigstellen vor dem Einschlafen usw. ist es eher kontraproduktiv."[44]

Vorlesen sollte in allen Schuljahren weitergeführt werden. Kinder lernen dadurch auch Literatur kennen, die anspruchsvoller ist als das, was sie schon selbst lesen können. Sie erfahren, dass Lesen ihnen Inhalte, Erfahrungen, Ideen vermittelt. *Heide Bambach* zeigt ausdrücklich, wie das Vorlesen von Kinderbüchern zur Basis und zum Mittelpunkt für alle Bereiche des Deutschunterrichts werden kann und sich motivierend auswirkt.[45] Ausgehend vom vorgelesenen Text entstehen spontan von den Kindern aus Texte, die, zu Büchern gebunden, wieder neuen Leseanlass bieten.

Kinder können, wenn sie genügend Zeit zum Vorbereiten haben, in das Vorlesen eines Buches einbezogen werden. Dazu bietet sich das „Wanderbuch"[46] an. Dabei nehmen die Kinder das „Vorlesebuch" mit nach Hause und bereiten den nächsten Abschnitt, das nächste Kapitel zum Vorlesen vor. Umfang und Schwierigkeitsgrad sollten von der Lehrerin/vom Lehrer vorher bedacht und die Textmenge sollte gekennzeichnet werden. Durch das Lesen auf Kassette kann sich das Kind selbst kontrollieren, seine Klanggestaltung überprüfen. Häufig werden Kinder erst durch das Abhören des eigenen Lesens auf die Bedeutung von Satzmelodie, Pausen, Betonungen aufmerksam. Auch Kindern, die hastig und sehr schnell lesen, wird mit dem Lesen auf Kassette deutlich, dass zu schnelles Lesen das Zuhören erheblich erschwert.

Individuelle Ausrichtung von Texten

Das, was das Kind selbst betrifft, was es persönlich angeht, das ist wichtig und interessant, das liest es unter dem Aspekt der Sinnspur. Über sich selbst und über die Mitschülerinnen und Mitschüler etwas durch Schrift zu erfahren, ist aufregend und spannend. „Was dort wohl von mir, von meiner Freundin stehen mag?" Texte zu lesen, in denen das Kind seine Erfahrungen und Erlebnisse wiederfindet, in denen etwas Ähnliches passiert, wie es es selbst erlebt hat, stärkt sein Selbstwertgefühl.

• Nachrichten der Klasse

Nachrichten aus der Klasse handeln vom Kind selbst und seinen Mitschülerinnen und Mitschülern und bauen damit auf einem gemeinsamen Erlebnisbereich für alle Kinder der Klasse auf. Die Lehrerin/der Lehrer stellt, angeregt durch den Erzählkreis, kurze Texte zu den einzelnen Kindern zusammen und schreibt sie auf Karten. Außerdem werden Nachrichten über geplante Vorhaben (Ausflug, Bastelnachmittag, gemeinsame Backstube u. Ä.) sowie Berichte über gemeinsame Erlebnisse aufgegriffen. Die Kinder können natürlich auch selbst Nachrichten verfassen und abgeben, die nach der Korrektur für die Nachrichtensprecherin/den Nachrichtensprecher auf dem Computer geschrieben werden können.

Man sollte darauf achten, dass in einem bestimmten Zeitraum alle Kinder der Klasse einmal in den Texten berücksichtigt werden. Jede Nachrichtenkarte gibt es nur einmal. Einzelne Kinder erhalten diese Karten im Stützkurs, im Rahmen der Wochenplanarbeit oder als individuelle Hausaufgabe mit der Vorgabe, den Text für das „Fernsehlesen" vorzubereiten. Die Nachrichten der Klasse zum Üben zu erhalten, ist äußerst beliebt. Jeder möchte diese Nachrichten gerne zuerst lesen.

Nachrichten aus Klasse 2a
Oktober 1995

Adriano war am Wochenende Schlittschuh laufen. Jetzt kann er schon
ganz schnell fahren ohne hinzufallen.

Saskia hat am Wochenende einen Clown gesehen. Der konnte zaubern.
Das weiße Kaninchen aus seinem Hut war auf einmal grün.

Könnt ihr auch zaubern?
Am Freitag ist Zauberstunde.

Die Blätter sind jetzt bunt.
Wir singen und tanzen das Lied:
Ihr Blätter, wollt ihr tanzen.
Frau Wolff spielt dazu auf der Gitarre.

Nachrichten aus Klasse 2a
September 1995

Steffi hat drei kleine Edelsteine mitgebracht.
Sie glänzen so schön.
Dominik hilft ihr
die Namen der Steine zu bestimmen.
Er sammelt nämlich Steine.

Mark weiß über Pferde Bescheid.
Er lernt nämlich reiten.
Mark kann schon gut
aufsteigen und absteigen.
Er sagt: „Beim schnellen Galopp
ist es sehr schwer
fest im Sattel zu bleiben."

Marco freut sich über die Quieselbücher.
Er hat schon viele davon gelesen.
„Schade, dass es nur 12 Bücher sind", sagt er.

Stefanie hat einen besonders schönen Teppich gemacht. Ihr könnt ihn alle
in unserer Teppichausstellung sehen.

Nachrichten aus Klasse 3a

Vor den Fastnachtsferien haben wir viel mit Kasperpuppen gespielt.

Dominik hat einen ganzen Beutel
mit Spielpuppen mitgebracht.
So konnten viele Kinder mitspielen.
Besonders gern hat Dominik den Igel.
Dejan hat einen großen, lustigen Kasper.
Adriano spielt mit dem Bär.
Tanja und Sandra haben jede einen Frosch.
Frosch Breitmaul – quak – quak.

In zwei Wochen kommt der Autor Manfred Mai
zu uns.
Wie er wohl aussieht?
In der Leseecke ist jetzt eine Kiste
mit vielen Büchern von ihm.
Ob euch einige davon gefallen?

In der Aula wird er uns von sich erzählen
und aus seinen Büchern vorlesen.
Und natürlich könnt ihr ihn
auch etwas fragen.

Die Texte sind einfach und überschaubar gestaltet und können für jedes Kind im Schwierigkeitsgrad angepasst werden. Sie lassen sich quantitativ nach der Textmenge differenzieren. Qualitativ können verschiedene Lesehilfen gegeben werden: durch Sinnschrittgliederung, durch Illustrationen, durch Strukturierungshilfen im Wort, durch größeren Schriftgrad und Zeilendurchschuss, durch die Länge der Zeilen sowie durch einfachen Wortschatz und kurze Sätze.[47]

Die Kinder suchen natürlich zunächst nach ihrem eigenen Namen, dann nach Namen ihrer Freunde und schulen sich so im sondierenden Lesen. Die Nachrichtenkarten werden nun so geübt, dass sie den Mitschülerinnen und Mitschülern am „Fernseher" vorgelesen werden können. Dazu hat sich ein alter Fernsehrahmen, den man in Fernsehgeschäften kostenlos erhalten kann, oder ein Pappfernseher bewährt. Die Texte können, wie von professionellen Sprechern, für das Vortragen durch Kennzeichnung von Pausen und betonten Wörtern aufbereitet werden.[48] Dies sollte gemeinsam mit den Kindern an mehreren kurzen Nachrichten geübt werden (siehe Kopiervorlage, S. 22[49]).

Das Kind bemüht sich, den Text so zu üben, dass es wie eine Nachrichtensprecherin/ein Nachrichtensprecher im Fernsehen auch ab und zu die Zuschauer anschauen kann.

Es lohnt sich für das Kind, den Text durch wiederholtes Lesen zu üben, denn jetzt ist eine echte Vorlesesituation gegeben. Die „Zuschauer" kennen den Text nicht. Sie hören aufmerksam und gespannt zu, weil der Inhalt sie selbst oder Mitschülerinnen und Mitschüler betrifft. Das vermittelt dem vorlesenden Kind, auch wenn es noch langsam und teilweise stockend liest, Erfolgserlebnisse und motiviert es.

Alle vorgelesenen Nachrichten werden in einem Kasten gesammelt und stehen in der Leseecke zum Schmökern zur Verfügung. Diese Karten begleiten die Kinder von Schuljahr zu Schuljahr. Sie reizen zum Vergleich; sie geben Auskunft über die eigene und die gemeinsame Vergangenheit: Was stand vor einem Jahr über mich da – was jetzt?

• **Brieftexte: „Eine Geschichte für …"**
Kinder, die bisher ungern lesen, erhalten gezielt auf ihre Situation bezogene, kurze, gut überschaubare Texte. Sie werden dem Kind in einem Umschlag mit der Aufschrift „Eine Geschichte für …" angeboten. Beispiele: Susanne hat eine kleine Katze. Sie findet im Umschlag einen Katzentext, zu dem sie anschließend noch etwas malen kann. Das könnte ein Auszug aus „Eine Handvoll Katze" oder aus „Das Mädchen und die Katze" von Gina Ruck-Pauquèt sein.[50] Eric hat schon mehrmals sein Schmusetier, einen Hasen, mitgebracht. Er bekommt einen Auszug aus „Steffi vergisst Muckel Schlappohr" aus dem Buch „Steffis roter Luftballon" von *Irina Korschunow*.[51] An diesen persönlich adressierten Text geht das Kind mit besonderer Sinnerwartung heran. Es ist „sein" Text, es findet sich mit seinen Wünschen, Problemen, Hoffnungen darin wieder.

Solche Texte können von der Lehrerin/vom Lehrer selbst geschrieben werden oder auch kurze Auszüge aus Kinderbüchern sein. Dadurch wird das Kind zusätzlich an das Lesen von Büchern herangeführt. Günstig ist es, durch ein begleitendes Gespräch über das Gelesene am Kind und seinen Erfahrungen mit dem Inhalt teilzunehmen und z. B. dabei den schwer zu erlesenden Namen „Muckel Schlappohr" einzuführen. Vielleicht möchte das Kind jetzt auch Autor/Autorin sein und „seine" Geschichte aufschreiben oder der Lehrerin/dem Lehrer diktieren. Diese Texte der Kinder werden zu einem Buch gebunden und sind wieder neuer Leseanlass. Kinder mit großen Leseschwierigkeiten lernen erfahrungsgemäß oft an „ihren" eigenen Texten lesen.

• **Persönliche Briefe an das Kind**
Im Klassenzimmer wird ein großer gelber Briefkasten aufgestellt für die Korrespondenz innerhalb der Klasse. Jeden Tag wird der Briefkasten geleert. Die Lehrerin oder der Lehrer kann selbst an die Kinder schreiben. Es versteht sich von selbst, dass jeder Brief der Kinder beantwortet wird. *Elke Blum-Lederer* hat in ihrem Aufsatz „Aller Anfang ist leicht …"[52] deutlich gezeigt, wie Lesen- und Schreibenlernen sich über Briefe zwischen der Lehrerin/dem Lehrer und den Kindern positiv entwickeln. Der persönliche Brief der Lehrerin oder des Lehrers an

Nachrichten

> Am <u>kommenden</u> Wochenende | wird die erste große <u>Reisewelle</u> nach Süden erwartet. || Besonders auf der Autobahn von <u>Stuttgart</u> nach <u>München</u> | wird es lange Staus geben. ||

Lesehilfen:
— für Betonung
|| für lange Pausen
| für kurze Pausen

- Lies diese Rundfunknachricht.
  Achte dabei auf die Lesehilfen.

> Noch 3 Tage bis zum Endspiel
> Bei der Fußballweltmeisterschaft hat Deutschland das Halbfinalspiel gewonnen. Alle sind auf das Endspiel am Sonntag gespannt.

> Und nun zum Wetter
> Die sommerliche Hitzewelle hält weiter an. Auch morgen klettern die Temperaturen bis auf 30 Grad. Gegen Abend sind Gewitter möglich.

> Waldbrandgefahr
> Wegen der anhaltenden Trockenheit in Norddeutschland besteht höchste Waldbrandgefahr. Die Bevölkerung wird zu besonderer Vorsicht aufgerufen.

> Hoher Besuch in Deutschland
> Morgen kommt der amerikanische Präsident nach Berlin. Er wird mit dem Bundeskanzler sprechen. Abends ist ein Festessen und ein Besuch in der Oper geplant.

- Wähle dir eine Nachricht aus.
  Schreibe sie ab und zeichne dir Lesehilfen ein.
- Lies die Nachricht vor.

einzelne Kinder macht Schreiben und Lesen als kommunikative Akte bewusst. In den persönlichen Briefen geht die Lehrerin/der Lehrer auf das Kind ein, kann auf seine Äußerungen reagieren, Verständnis deutlich machen, Fragen stellen, sich selbst als Partner, der auch von sich erzählt, einbringen. Solche Briefe werden mit großer Spannung erwartet und mit Freude, meist wiederholt still gelesen und auch anderen stolz vorgelesen. Fragen an das Kind in den Briefen regen in besonderer Weise zum Antworten an und fördern einen Briefwechsel.

Nachrichten aus der Klasse, die Geschichten für einzelne Kinder und persönliche Briefe erfordern von der Lehrerin und vom Lehrer, sich mit dem einzelnen Kind bewusst zu beschäftigen, sich Zeit für Gespräche und zum Zuhören zu nehmen, um etwas über Wünsche, Hoffnungen, Interessen des einzelnen Kindes zu erfahren. Durch das Schreiben von persönlichen Briefgeschichten, das Dokumentieren in den Nachrichten, durch Fragen, Anteilnehmen, Antworten in den persönlichen Briefen spürt das Kind, dass es ernst genommen wird, dass sein Lehrer/ seine Lehrerin Interesse an ihm hat. Dies bestärkt das Kind in seinem Selbstwertgefühl, das gerade für Kinder mit Lernschwierigkeiten so wichtig ist, und wirkt sich damit positiv auf die Lern- und Übungsbereitschaft und die Übungshaltung aus. Nachrichten aus der Klasse, Briefgeschichten sowie persönliche Briefe sind individuell ausgerichtet und bieten hohe Gewähr, dass das Kind vom Textinhalt angesprochen wird und Lesen als etwas für es selbst Sinnvolles erfährt. Die Gestaltung des Textes gemäß der Lesefertigkeit des Kindes führt zu Erfolgserlebnissen und zu dem Ziel, „Freude am Lesen zu wecken".

Freie Auswahl von Texten

Die dritte Forderung von *Gertraud E. Heuß*, „Kinder zu Texten finden zu lassen und nicht ständig Texte an die Kinder heranzubringen", kann durch die freie Auswahl von Texten aus Bücherkisten, aus Lesereihen, aus Lesebüchern, auch unter Verwendung von Inhaltsverzeichnissen, eingelöst werden. Das Lesenüben geschieht dann durch das „Ausüben". Gerade die freie Wahl führt dabei oft zum wiederholten Lesen eines Buches. *Georg Braun* hat dazu festgestellt, dass Kinder bis zu zehn Jahren Bücher, die ihnen gefallen, mehrmals hintereinander lesen.[53]

Kinder sollten nicht ständig Bücher zum Lesen verordnet bekommen, sondern ihren eigenen Leseinteressen und Lesevorlieben nachgehen können. Sie wählen Texte meist zunächst nicht nach dem Schwierigkeitsgrad aus, sondern nach dem Cover, dem Themenbereich und dem erwarteten Inhalt. Die Aufmachung des Buches, die Ansprache durch das Titelbild sind mit entscheidend dafür, ob das Kind überhaupt zum Buch greift.[54]

Neben fiktionalen Texten, bei denen auch Gedichte nicht vergessen werden dürfen, sollten unbedingt auch Sachbücher zur Verfügung stehen, über die besonders Jungen oft erst einen Zugang zum Lesen finden. Dies bestätigen die Studien von *Bettina Hurrelmann*, deren Ergebnisse sie so zusammenfasst: „Es gibt einen systematischen Unterschied im Leseverhalten der Geschlechter schon am Ende des Grundschulalters. In aller Kürze kann man ihn so zusammenfassen: Jungen sind (bei insgesamt weniger Lektüre) eher an sachbezogener Information interessiert, während die Mädchen (bei insgesamt mehr Lektüre) fiktionale Geschichten bevorzugen."[55] *Heide Niemann* begründet zusätzlich das Angebot auch an Sachbüchern mit der frühen Ausbildung von Expertentum bei Kindern. „Als ein Zeichen veränderter Kindheit wird immer wieder angeführt, dass Kinder heute (schon bei Schulanfang) Expertenwissen aufweisen. Um dieses Interesse aufzugreifen, eignen sich in besonderer Weise Sachbücher, die häufig Bücher für Spezialisten sind."[56]

Kinder müssen bei der freien Auswahl der Bücher erfahren, dass wir ihre Wahl akzeptieren und nicht eingreifen, auch wenn wir glauben, dass sie mit dem Text überfordert sind. Es wird immer wieder berichtet, dass Kinder z. B. mit den schwierigen Dinosauriernamen Lesen gelernt haben, da hier ihr besonderes Interesse lag. *Mechthild Dehn* berichtet am Anfang ihres Buches „Zeit für die Schrift" von ihrem Sohn Henning: „Weil er schon in die erste Klasse ging und etwas lesen gelernt hatte, legten wir ihm auch einen Stapel Bücher hin. Er wählte sich „Die kleine Hexe" – ein Buch, das die älteren Geschwister sehr schätzten, das freilich seine Lesefertigkeit weit überforderte. Aber er wählte gerade dies und 'pflügte' sich durch den Text, indem er laut las - Tag für Tag, meist mehrere Stunden lang. Wer ihm zuhörte, konnte den Text kaum verstehen, Henning aber verstand, was er da las."[57] Insgesamt ist es wichtig, Vielfalt sowohl im Bereich der Themen und Gattungen als auch im Bereich der Schwierigkeitsgrade anzubieten.

Bibliotheken stellen häufig den Klassen für eine bestimmte Zeit Bücherkisten zur Verfügung, aus denen Kinder dann in den freien Lesezeiten, die einen festen Platz in der Schulwoche haben sollten, auswählen können. Als Leseangebote werden dabei häufig Gedichtsammlungen und auch Liederbücher vergessen, die eine große Anziehungskraft auf Kinder ausüben. Nicht selten freuen sich Kinder oder Kindergruppen daran, aus einem Liederbuch singsangartig oder auch mit selbst erfundenen oder bekannten Melodien Texte zu „lesen". Gedichte reizen durch Klang, Rhythmus und z. T. auch durch den Reim zum wiederholten Lesen, um diese Sprachelemente zum Leben zu erwecken und zu genießen. Die Kürze der Texte kommt dabei auch schwächeren Lesern entgegen.

• **Eine Lese-Schatzkiste**
Ein günstiges Material, das auch kurze Sachtexte enthält, stellt die klasseneigene „Lese-Schatzkiste" dar. Aus Kinderzeitschriften, Schülerkalendern, den Kinderseiten aus Zeitungen usw. wird eine Kartei mit folgenden Rubriken erstellt, für die die Lehrerin/der Lehrer und die Kinder nach und nach selbst gefundene oder selbst geschriebene Texte beisteuern:
Witze/Zum Lachen, Rätsel/Quizfragen, Wissenswertes, Rekorde, Verse/Sprüche.

Die Texte werden auf farbige Karteikarten geklebt. Jede Rubrik hat eine andere Farbe, so dass die Texte nach dem Lesen leicht an die richtige Stelle zurückgeordnet werden können. Die Texte müssen z. T. neu in angemessenem Schriftgrad und in Sinnschrittgliederung geschrieben werden. Lösungen kommen wenn nötig auf die Rückseite.

Die Kinder „schmökern" gerne in dieser „Schatzkiste" und wählen dann einen Text aus, den sie üben, um ihn der Tischgruppe oder am nächsten Tag im Morgenkreis oder am Ende der Stunde im Schlusskreis vorzutragen. Die Witze können gut auch von Kleingruppen vorgespielt werden.

Die kurzen, im Umfang überschaubaren und Wissen vermittelnden Texte reizen auch Kinder, die von sich aus noch nicht zu Büchern greifen. Sie genießen den „Erfahrungsvorsprung", den sie durch die Informationen einzelner Karten haben, und kosten ihn beim Stellen von Quizfragen, die sie z. T. aus den Karten heraus entwickeln, aus.

Gut lässt sich auch das Vorlesen einzelner Karten mit einem Würfelspiel verbinden. Auf einem Spielplan werden mit farbigen Klebepunkten (Farben der Rubriken) einzelne Felder gekennzeichnet. Die Kinder würfeln. Sobald sie auf ein farbiges Feld kommen, ziehen sie eine passende Karte aus der „Schatzkiste", lesen sie erst still und tragen sie dann den anderen vor.

• **„Bücher" für Leseanfänger**
Auf dem Buchmarkt gibt es eine Fülle von Kinderbuchreihen, die speziell für Leseanfänger konzipiert wurden. Beispiele:

Arena Verlag: Erst-Lese-Buch, Lila Leseratz, Lese Profi; Edition Bücherbär: Der kleine Bücherbär, Der Buchstabenbär, Der ABC-Bär
Carlsen Verlag: Lerne lesen; Lesemaus
Deutscher Taschenbuchverlag: Junior Lesebär
Loewes Verlag: Leseleicht Bücher, Leselöwen-Geschichten
Meyer Verlag: Kleine Kinderbibliothek
Oetinger Verlag: Laterne Laterne Sonne, Mond und Sterne
Ravensburger Verlag: Der Blaue Rabe

1 Witze/Zum Lachen

Lehrer: „Wozu gehören die Wale?"
„Zu den Säugetieren."
„Sehr gut. Und wozu gehört der Hering?"
„Zu den Pellkartoffeln."

Ein gewissenhafter Beamter ruft morgens
seine Dienststelle an und meldet sich krank.
Er sagt zu seinem Vorgesetzten:
„Ich habe Erbrechen, Kopfschmerzen
und etwas Schwindel ist auch dabei!"

2 Rätsel und Quizfragen

3 Wissenswertes

Schwarzbären-Schutz
Schwarzbären stehen künftig unter Schutz.
Handel mit lebenden Tieren oder
Körperteilen von Schwarzbären wird
strenger Kontrolle unterstellt. Zwar:
Noch ist die Existenz der Art nicht gefährdet.
Allein in Nordamerika leben rund 670 000
Schwarzbären. Bedroht jedoch sind
asiatische Bären. Die Gallenblase der Tiere
enthält angeblich Substanzen, denen
im Fernen Osten heilende Wirkungen
zugeschrieben werden. Für eine Bären-
Gallenblase verlangen japanische Apotheken
bis zu 2 500 Mark. Japan führte bislang
jährlich regelmäßig rund 2 000 Kilo
Gallenblasen von Bären ein.

4 Rekorde

5 Verse/Sprüche

Schneider Verlag: Benjamin-Großdruck, Schneider Bücher für Leseanfänger

Es gilt aber, die Hinweise „Leicht zu lesen ...", „Für Leseanfänger" usw. kritisch zu prüfen. *Peter Conrady* hat Kriterien zur Analyse solcher Reihen unter lerntheoretischen und inhaltlichen sowie sprachlichen Aspekten, unter Aspekten der Textgliederung, der Typografie und der Illustrationen aufgezeigt und an neuen Originaltexten von Kinderbuchautorinnen und -autoren in der Reihe „Lesespaß für Kinder" exemplifiziert.[58]

Neben diesen Buchreihen stellen „Lesereihen" von Schulbuch- und Lehrmittelverlagen für verschiedene Schuljahre eine Zwischenstufe zu umfangreicheren Kinderbüchern dar. Auch diese gilt es nach den Kriterien von *Peter Conrady* zu prüfen.

Agentur Elke Dieck: Bücher zum Selberlesen (fürs 1. und 2. Schuljahr)
Cornelsen Verlag: Differix-Leseschätzchen, hrsg. von G. Sennlaub
Diesterweg Verlag: Quiesel Bücher, hrsg. von G. und S. Buck (1. und 2. Schuljahr, 2. und 3. Schuljahr, 3. und 4. Schuljahr)
Hirschgraben Verlag: Kann ich das schon lesen? Lesetexte zur Tobi-Fibel
Kamp Verlag: Umis Abenteuer
Klett Verlag: Lesehefte für die Grundschule, hrsg. von H. Bartnitzky (Lesestufe 1: Klasse 1 und 2, Lesestufe 2: Klasse 2 und 3, Lesestufe 3: Klasse 3 und 4)
Rüdiger Kohl Verlag: Mitmachbücher für Erstleser
Oldenbourg Verlag: Lesemaus-Geschichten
Schroedel Verlag: Schroedel Taschentexte, hrsg. von W. Topsch; Bunte Texte, hrsg. von J. Hinrichs
Verlag an der Ruhr: Ein Lesespiel
Verlag für pädagogische Medien (vpm): Regenbogen-Lesekiste, hrsg. von H. Balhorn
Westermann Schulbuchverlag: Lesespaß für Kinder, hrsg. von P. Conrady (erscheint in regelmäßigen Abständen in der Zeitschrift Grundschule[59])

„Lesereihen" bestehen aus mehreren kleinen „Büchern", eher Heften, die es meist in einem Paket in Mehrfachausführung zu kaufen gibt.

Sie sind billiger als die Taschenbücher der Kinderbuchverlage und umfassen ein großes Angebot kleiner, im Umfang leicht zu bewältigender Bücher, so dass wirklich für jedes Kind mehrere Bücher aus der Reihe zur Auswahl stehen. Die Reihen beziehen sich z. T. auf Identifikationsfiguren der Fibel (Quiesel, Umi, Lesemaus), sind z. T. durch verschiedenfarbige Umschläge nach Schwierigkeitsgrad (Regenbogenkiste, Umi) oder auch nach Inhaltsbereichen (Quiesel, Lesemaus) geordnet. Der geringe Umfang der „Bücher" ermöglicht für jedes Kind die Erfahrung „Ich habe ein ganzes Buch gelesen". Davon geht eine hohe Lesemotivation aus. Das Kind ist zum „Buchleser" geworden.

In mehreren Reihen finden sich Bücher von bekannten Kinderbuchautorinnen und -autoren, die speziell für die Reihe geschrieben wurden (Lesespaß für Kinder, Quiesel-Bücher, Schroedel-Taschentexte, Lesemaus-Geschichten). Damit ist eine Brücke zu weiteren Texten der Autorin/des Autors geschlagen.

• Einführung einer Lesereihe oder einer Bücherkiste

Kinder, die bisher wenig gelesen haben, werden allein durch das Vorhandensein von Büchern nicht zum Buch greifen und es lesen. Es gilt, die Kinder in das Buch bzw. die Lesereihe einzuführen und ihnen Lust auf die Lektüre zu machen.[60]

Die folgenden Vorschläge bieten sich auch zur Einführung von Bücherkisten an. Hierzu werden die Bücher in einem Paket von z. B. Willi Bücherwurm, Marlies Leseratte oder Rudi Schmöker an die Klasse geschickt. Der Absender lässt schon auf den Inhalt schließen. Das Paket wird geöffnet und ein Brief vom Absender entdeckt (siehe S. 27). Mit dem Brief werden die Kinder direkt angesprochen, neugierig auf die Bücher gemacht und beim Lesen zu einer Stellungnahme aufgefordert. Die Bitte um Antwort, ob den Kindern die Bücher gefallen haben, regt nach dem Lesen zum Austausch über die Bücher und zum gemeinsamen oder individuellen Schreiben an den Absender an.[61]

Beim Auspacken sitzen die Kinder im Kreis. Die Bücher werden nach und nach aus dem Paket geholt, ihre Titel vorgelesen, dann auf

> Buchhausen, den 20.10.199.
>
> Liebe Klasse 2b,
>
> heute schicke ich euch ein Paket.
> Ihr denkt sicher, warum?
>
> Nun, ich bin der Bücherwurm Max
> und ich mag Bücher schrecklich gern,
> ich habe sie sogar zum Fressen gern.
>
> Mögt ihr Bücher auch gerne?
> Dann schaut einmal rein
> in das große Paket.
>
> Schreibt ihr mir mal,
> welches Buch euch am besten
> gefallen hat?
>
> Ich freue mich schon darauf.
>
> Euer
> Bücherwurm
> Max

> Buchhausen, den 23. 11.
>
> Überraschung! Überraschung!
>
> Auf meiner Reise durchs Bücher-
> land fand ich die Stadt
> Buchhausen,
> in der die Bewohner
> in Büchern wohnen.
>
> Die Bewohner haben ganz tolle
> Geschichten geschrieben, die ich
> euch nun gerne schicken möchte.
>
> Hoffentlich macht euch das Lesen
> genauso viel Spaß wie mir!
>
> Wurmige Grüße
> sendet euch
> euer Bücherwurm
>
> Theobald

dem Boden ausgelegt. Wenn Anregungen von den Kindern kommen, können die Bücher jetzt schon nach bestimmten Gesichtspunkten geordnet werden. So können bei einer Lesereihe die Kinder die unterschiedlichen Farben der Cover als Ordnungsgesichtspunkt entdecken. Die Lehrerin/der Lehrer kann evtl. etwas zum Autor/zur Autorin[62] oder auch zum Inhalt sagen, der aber nicht vorweggenommen werden darf. Jedes Kind darf sich nun ein Buch zum Lesen auswählen. Dabei ist es wichtig, dass mehr Bücher als Kinder vorhanden sind, damit für alle eine Auswahl besteht. Zuerst sollten die schwachen Leser wählen dürfen. Die Kinder suchen sich mit ihrem Buch einen Platz, der ihnen gefällt: in der Leseecke, unter dem Tisch, vor der Heizung, liegend auf dem Boden usw.

Zu der Lesereihe oder Bücherkiste kann eine Liste, auf der die Titel einzeln aufgeführt sind, ausgehängt werden. Zum leichteren Auffinden bieten sich die Farben der Cover oder auch die Originalcover, die aus den Verlagsprospekten ausgeschnitten werden, an. Wer ein Buch gelesen hat, kann – muss nicht! – seinen Namen hinter das gelesene Buch setzen. Solche Listen regen erfahrungsgemäß in starkem Maße zu Gesprächen an. Kinder befragen Kinder, die das Buch schon gelesen haben, sie finden einen Gesprächspartner, mit dem sie sich über das Buch austauschen können. Für gemeinsame produktive Umsetzungen und Weiterführungen führt die Liste zu Spielpartnern. In der Literatur wird manchmal vorgeschlagen durch farbige Klebepunkte zu kennzeichnen, ob einem das Buch gefallen hat oder nicht. Dieses Verfahren erscheint problematisch, da dadurch von Anfang an bestimmte Bücher durch Vorlieben/Abneigungen einzelner Kinder ausgesondert werden.

Heide Niemann hat in einer 1990 vorgelegten Untersuchung zum Leseverhalten von Schülerinnen und Schülern in Niedersachsen festgestellt, dass zu fast 50% Kinder anderen Kindern ein Buch empfohlen haben, und folgert daraus: „Die Tatsache, dass Kinder zu einem großen Prozentsatz auf die Empfehlung anderer Kinder zurückgreifen, könnte in Bücherstunden in der Schule, in denen Kinder Bücher vorstellen und empfehlen, genutzt werden."[63]

Eine Dokumentation über die gelesenen Bücher kann solche Gespräche auch außerhalb des so wichtigen Vorstellens von Lieblingsbüchern anregen.

• Produktiver Umgang mit dem Buch

Die produktive Umsetzung ermöglicht jedem Kind, sich gemäß seinem Lernmuster aktiv handelnd mit dem Text auseinander zu setzen. Dies führt meist zu wiederholtem Lesen des Textes. Durch produktive, handlungsorientierte Anregungen wird das Kind stärker in den Text hineingenommen, am Text beteiligt. Es verarbeitet auf produktive Weise das Gelesene, vollzieht es handelnd in einem anderen Medium, mit anderen Sinnen und eignet sich so den Text an. Der Inhalt wird mit eigenen Vorstellungen und Erfahrungen in Verbindung gebracht. *Bettina Hurrelmann* hat festgestellt, dass „ein fantasievoller, leseförderender Literaturunterricht … einen Einfluss auf die *Intensität der Leseerfahrung* der Kinder in ihrer Freizeitlektüre hat … Kinder, die im Literaturunterricht stark gefördert werden, berichten auch häufiger von kreativen Verarbeitungsformen der Lektüre in Freizeitsituationen (Nachspielen, Malen, Weitererzählen oder Weiterschreiben von Geschichten usw.), die vermutlich direkt von produktiven Formen des Literaturunterrichts angeregt sind."[64] Produktionsorientierter Umgang mit Büchern leistet damit auch einen Beitrag zum fächerübergreifenden Lernen.

So klappen die Kinder bei der Lektüre von *Paul Maars* „Eine Woche voller Samstage" nach jedem Kapitel den passenden Tag in einem Kalenderbuch[65] auf und finden dort eine Idee zum Singen, Spielen, Malen, Schreiben …

Produktiver Umgang mit dem Buch lässt Kinder Lesen in einem sozialen Kontext erfahren. Spielen zum Text, Vertonen von Textteilen, Lesen in verteilten Rollen verlangen Mitspieler und Mitsprecher. Auch die Bilder, die ein Kind zum Text gemalt hat, die Figuren, die es dazu geformt, die Texte, die es dazu geschrieben hat, die mündlichen oder schriftlichen Weiterführungen des Textes usw. regen zum Gesprächsaustausch an. Gerade diesen Aspekt

Mai
8
Dienstag

1. Spiele die Szene im Kaufhaus (S. 47) mit drei anderen Kindern nach!

2. Was könnte das Sams in der Spielwarenabteilung anstellen?

Mai
10
Donnerstag

1. Singe das Guten-Abend-Lied vom Sams für Herrn Taschenbier. (S. 81) Vielleicht kannst du es mit Instrumenten begleiten?

2. Dichtstunde: (S. 90) Findest du auch ein Gedicht zu deinem Namen oder zu dem Namen eines Freundes oder einer Freundin?

gilt es heute angesichts der zunehmenden Vereinzelung von Kindern zu beachten. *Renate Köcher* empfiehlt in ihrer Studie zu Familie und Lesen von 1988, „sich von der Idee des einsamen Lesers zu lösen und die soziale Dimension des Lesens zu berücksichtigen ... Allzu oft wird die Lektüre aus der sozialen Kommunikation und aus dem Bereich gemeinsamer Erfahrung ausgegrenzt."[66]

Auch auf spielerische Weise können Kinder durch Fragen zum Text zum gezielten sinnerschließenden Lesen, zum bewussten Nachlesen im Text geführt werden, um die gewünschte Information zu erhalten oder die Antwort zu überprüfen. Diese Anregungen können zum Aufklappen mit durchsichtiger Klebefolie ins Buch geklebt werden. Dies kann im fortlaufenden Text unten an der Seite oder in Leporelloform am Ende geschehen.[67] Gesonderte Anregungsmaterialien sollten äußerlich ansprechend mit direktem Bezug zum Inhalt des Buches gestaltet werden, so dass die Zugehörigkeit zur Reihe bzw. zum Buch sofort sichtbar ist.

Haben die Kinder diese Umgangsformen kennen gelernt und Freude daran gehabt, dann entwickeln und erstellen sie selbst gerne zu einzelnen Büchern Aufgabenkarten und Spiele. Daher sollte auch nur ein Teil der Bücher von

Kreuz und quer durchs Lesebuch

Entdeckungsreise durch dein Lesebuch

Wie heißt dein Lesebuch?

Wie viele Seiten hat das Buch?

Wie heißt die Buchstaben-Hexe in der ersten Geschichte?

Was erleben Jan und Jule im Treppenhaus auf Seite 13?

Suche dir einen Stolperstein aus. Schreibe ihn auf.

Wie heißt das Gedicht von der Katze und der kleinen Maus?

Lies den Witz auf Seite 27.

Was machen die Elefanten auf Seite 42?

Freunde sind wichtig. Was ist dir wichtig? Schreibe ins Puzzle. (S. 47)

Auf welcher Seite siehst du einen großen Drachen?

Suche ein Bild von einem Kinderbuch. Wie heißt es?

Was gefällt dir in deinem Lesebuch?

der Lehrerin/vom Lehrer aufbereitet werden, um noch Bücher zu haben, an denen die Kinder selbst Ideen entwickeln können. Gerade das Erstellen von Aufgaben für die Mitschülerinnen und Mitschüler fordert zum wiederholten, intensiven Lesen und damit zum Üben heraus.[68]

- **Kreuz und quer durchs Lesebuch**

Leseunterricht war lange Zeit zu sehr nur auf das Lesebuch beschränkt. Schullektüre und private Lektüre klafften weit auseinander. Das Lesen von Kinderbüchern wird zu Recht nachdrücklich gefordert. Das Ziel ist, Kinder zu Lesern zu machen, zu Lesern über den Unterricht hinaus und das Lesen in der Freizeit anzuregen. Es stellt sich daher die Frage „Ist das Lesebuch passé?". *Britta Rübsamen* und *Jens Erner* kommen in ihrer kleinen Umfrage zu dem Ergebnis, dass Kinder gerne im Lesebuch lesen und dass das Lesebuch nicht nur ein typisches Schulbuch, sondern auch Freizeitlektüre (bei Mädchen etwas mehr als bei Jungen) ist.[69]

„Kreuz und quer durchs Lesebuch" (siehe Seite 30) regt zum Schmökern und zu einem individuellen Umgang mit dem Lesebuch an. Kreuz-und-quer-Aufgaben sollten immer wieder, z. B. im Rahmen der Freiarbeit, zur Verfügung stehen. Solche Aufgaben fordern Kinder auch zum eigenständigen Erstellen weiterer Aufträge für die Mitschülerinnen und Mitschüler heraus, was erneut zu intensivem „Durchforsten" des Lesebuches führt. Die Aufgaben können auch gut auf einzelne Kärtchen geschrieben werden. So können die Kinder leichter die Anzahl der Such- und Entscheidungsaufgaben selbst bestimmen.

Lesespiele im integrativen Deutschunterricht

Lesen sollte nicht nur in der sogenannten „Lesestunde" geübt werden, sondern wichtiger Bestandteil in allen Bereichen des Deutschunterrichts sein. Jede Gelegenheit sollte im Unterricht genutzt werden, Kinder lesen zu lassen, und zwar so, dass jedes Kind zum Lesen kommt.
Auf motivierende Weise kann dies durch Lesespiele geschehen, die die Kinder auch motorisch aktivieren und soziales Lernen in Gang setzen. Lesespiele sollten Spiele ohne Sieger und Verlierer sein oder Spiele, bei denen der Sieger durch Zufall und nicht durch gute Leseleistungen ermittelt wird. Wettbewerbsspiele, bei denen immer der schnelle, der sichere Leser gewinnt, wirken sich kontraproduktiv auf schwache Leser aus.

Die im Folgenden aufgezeigten Spielformen lockern den Unterricht auf, sie bringen Bewegung und Abwechslung, fördern soziales Lernen und stellen das Kind vor Leseaufgaben, bei denen immer die Sinnspur verfolgt werden muss. Mit dem Spielmaterial können die Kinder im Rahmen der Freiarbeit auch selbstständig üben. Dazu sollten auf den Materialien Selbstkontrollmöglichkeiten angebracht werden, z. B. durch einfache Symbole auf den Rückseiten der Lesekarten.

Lesespiele haben sich besonders bei leseschwachen Kindern bewährt, die dabei zwar viel lesen müssen, aber nur vor kleine überschaubare Leseaufgaben gestellt werden. Durch die vielfältigen Wiederholungsmöglichkeiten im Spiel und in Spielvariationen können sie die gestellten Leseaufgaben zunehmend besser lösen und lernen Lesen als Sinnentnahme begreifen. Ein entscheidendes Ergebnis von Lesespielen scheint zu sein, dass die Kinder die Erfahrung gewinnen: Lesen kann Spaß machen.

Lesespiele sollten im Sinne eines integrativen Deutschunterrichts mit den anderen Lernbereichen verknüpft sein oder damit verknüpft werden können. Lesen bedeutet immer Sinnentnahme. Sinnerschließendes Lesen, das wir als einen Hypothesen bildenden und testenden Vorgang begreifen, erfordert auch Fähigkeiten im mündlichen Sprachgebrauch und in der Grammatik. Diese Lernbereiche werden mit den Lesespielen gleichzeitig gefördert. Die folgenden Lesespiele stehen in enger Verbindung mit dem Lernbereich Grammatik.

Beim Erstellen von Lesespielen sollten u. a. folgende Kriterien berücksichtigt werden:

Lesespiele sollen
- eine Verbindung von Lesen und sozialem Lernen schaffen;

- kurze, überschaubare Aufgaben anbieten;
- jedes Kind lesend aktivieren;
- die Integration der Lernbereiche berücksichtigen;
- sinnerschließendes Lesen fördern;
- handelndes, spielerisches Lernen anregen;
- Variationen in den Spielformen zulassen;
- zur Wiederholung des Spiels anregen.

Lesespiele in Verbindung mit der Erarbeitung der Satzarten

Lesespiele lassen sich gut mit der Einführung der Satzarten verbinden. Die Zuordnung von Fragen und Antworten fordert in besonderer Weise sinnerfassendes Lesen.

• **Partner-Finde-Spiel**

Dieses Spiel kann in verschiedenen Variationen durchgeführt werden. Fragen und passende Antworten werden auf verschiedenfarbige Karten geschrieben. Als billiges und relativ stabiles Material haben sich unlinierte Karteikarten bewährt, die es in verschiedenen Größen gibt. Die Leseaufgaben können unterschiedlich schwierig gestaltet werden. Beginnen sollte man mit Sätzen, bei denen der Wortschatz der Frage in der Antwort wieder auftaucht und so eine Zuordnungshilfe gegeben ist (siehe Kopiervorlage 1, S. 33). Schwächere Leser sollten daher zunächst die Antwortkarten erhalten. Bei Legespielen mit diesen Karten in Einzel- oder Partnerarbeit wird das ganzheitliche Erfassen der wiederholten Wörter geübt.
Bei höherem Schwierigkeitsgrad kann nicht direkt vom Wortschatz auf den passenden Aussagesatz geschlossen werden, sondern sinngemäße Assoziationen (z. B. von Schwimmbad auf Badezeug) führen zur Lösung (siehe Kopiervorlage 2, S. 34). Dies erfordert Mitdenken, bewusstes Sinnerschließen.

Beim Lesen sollte auf die richtige Satzmelodie bei Frage-, Aufforderungs- und Aussagesatz geachtet werden. Sie kann durch eine passende Armbewegung und auch das Mitsprechen der Satzzeichen, die sich dabei einprägen, unterstützt werden.

Beim Spiel sitzen sich die Kinder in zwei Reihen gegenüber. Ein Kind aus der Fragereihe beginnt seine Karte vorzulesen. („Wer wird wohl mein Partner?") Das Kind mit der passenden Antwortkarte aus der gegenüberliegenden Reihe liest vor, und der Partner ist gefunden. Beide winken sich zum Abschluss zu. Es ist schön zu sehen, wie sich die Kinder bei diesem Spiel gegenseitig bewusst wahrnehmen, erwartungsvoll auf die gegenüberliegende Reihe schauen und ihren durch Zufall ermittelten Partner durch Blickkontakt annehmen.

Eine Variation besteht darin, dass sich die Kinder auf ein bestimmtes Zeichen hin im Kreisinnern versammeln und ihren Partner suchen. Paare, die sich gefunden haben, setzen sich nebeneinander hin. Zur Kontrolle wird abschließend in der Runde vorgelesen.

Sehr beliebt ist auch das Spiel nach Art des Jägertanzes, bei dem sich meist unsinnige Verknüpfungen ergeben, die Heiterkeit hervorrufen. Die Kinder bilden einen Innen- und einen Außenkreis und gehen nach Musik oder einem gemeinsam gesungenen Lied gegenläufig im Kreis. Setzt die Musik aus, drehen sich die Kinder einander zu und lesen ihre Fragen und Antworten vor.

Als weitere Spielform kann mit den Karten das Platzwechselspiel gespielt werden oder in Kleingruppen Memory, oder die Kinder legen aus den Karten eine Schlange. Da die Durchführung dieser Spielformen nur wenig Zeit erfordert, kann das jeweilige Spiel mehrmals nacheinander durchgeführt werden, wobei die Kinder das Material untereinander tauschen.

• **Vormach-Ratespiel**

Dieses Spiel (siehe Kopiervorlage, S. 35) eignet sich sowohl zur Übung genauen sinnverstehenden Lesens als auch zur Förderung der Spracharbeit und lässt sich mit der Einführung des Aufforderungssatzes sinnvoll verbinden. Es kann sowohl mit der ganzen Klasse als auch besonders gut in Kleingruppen oder nur mit einem Partner gespielt werden. Wenn die Aufträge so formuliert sind, dass sie am Platz umgesetzt werden können, kann dieses Spiel gleichzeitig in mehreren Kleingruppen durchgeführt werden, ohne dass es zu einem Durcheinander kommt.

Ein Kind zieht eine Aufgabenkarte, liest still den Auftrag und führt ihn stumm aus. Die Mit-

Partner-Finde-Spiel 1

Wo ist die Bücherei?	Unser Hausmeister heißt Herr Faller.
Wie heißt unser Hausmeister?	Frau Wolff fährt ein blaues Auto.
Welches Spiel spielen wir gerne im Sport?	Wir haben am Donnerstag Musik.
Welches Lied singen wir gerne?	Die Bücherei ist neben der 3. Klasse.
Wer fährt ein blaues Auto?	Ich kann gut malen.
Wer kann gut malen?	Wir spielen im Sport gerne Katz und Maus.
Wann haben wir Musik?	Frau Bauer putzt unser Klassenzimmer.
Wer putzt unser Klassenzimmer?	Wir singen gerne das Lied „Wenn die Sonne ihre Strahlen …".

- Schneide die Karten aus! Was passt zusammen?
- Schreibe passende Antwortkarten für deine Schule!
- Mit den Karten könnt ihr Spiele machen.

Partner-Finde-Spiel 2

Vergiss deine Turnschuhe nicht!	Ja, ich helfe dir gern.
Pass an der Ampel auf!	Ich will mir Mühe geben.
Streng dich an!	Ich muss nur noch mein Badezeug holen.
Lauf endlich los!	Ich habe es mir gestern ausgeliehen.
Räume dein Zimmer auf!	Bei mir ist es doch ganz ordentlich.
Hole bitte die Äpfel vom Baum!	Ich warte, bis sie grün ist.
Kennst du das Buch „Pippi Langstrumpf"?	Wir können uns um drei Uhr treffen.
Kannst du mir bitte helfen?	Ich habe den Turnbeutel schon hingelegt.
Weißt du noch die Hausaufgaben?	Das ist mein Leibgericht.
Hast du heute Zeit mit mir zu spielen?	Ich beeile mich ja schon.
Kommst du mit ins Schwimmbad?	Ich habe sie mir aufgeschrieben.
Isst du gerne Pfannekuchen?	Die Leiter steht schon bereit.

- Schneidet die Karten aus!
- Bildet zwei Gruppen:
  Gruppe 1 nimmt die Fragesätze und die Aufforderungssätze,
  Gruppe 2 die Aussagesätze.
  Wer aus der anderen Gruppe wird mein Partner oder meine Partnerin?

Vormach-Ratespiel

Stehe auf!	Stell dich auf den Stuhl!	Mache beide Augen zu!
Setze dich auf den Tisch!	Gib dem Kind neben dir die Hand!	Klopfe auf den Tisch!
Niese dreimal!	Mache eine Faust!	Krieche unter den Tisch!
Lege den Kopf auf den Tisch!	Huste einmal!	Kratze dich am Kopf!
Setze dich auf den Boden!	Lege die Hände auf den Rücken!	Falte die Hände auf dem Bauch!
Ziehe einen Schuh aus!	Ziehe an deinen Ohren!	Schreibe deinen Namen!
Lege ein Buch unter den Stuhl!	Lege einen Stift unter den Tisch!	Lache!
Drehe dich um!	Lege die Hände flach auf den Tisch!	Halte einen Bleistift hoch!
Schüttle den Kopf hin und her!	Radiere auf dem Tisch!	Putze die Nase!
Setze dich verkehrt herum auf den Stuhl!	Lege den Finger auf den Mund!	Packe das Kind neben dir am Arm!

schülerinnen und Mitschüler müssen nun den genauen Wortlaut der Karte herausfinden. Ist der Wortlaut gefunden, wobei das vormachende Kind Hilfen geben kann, zieht der linke Nachbar die nächste Karte und führt seinen Auftrag aus. Dieser Ablauf ist sinnvoller als die häufig übliche Form, bei der dasjenige Kind weitermachen darf, das den richtigen Wortlaut gefunden hat. Dabei werden nur die Kinder, die sprachlich gewandt sind, bevorzugt und kommen wieder zu einer Leseaufgabe. Daher gilt es grundsätzlich, wie schon oben ausgeführt, Wettspiele möglichst in gemeinsame Spiele ohne Sieger und Verlierer umzuwandeln.[70]

Lesespiele in Verbindung mit der Erarbeitung der Wortarten

Die folgenden Lesespiele werden exemplarisch in Verbindung mit der Erarbeitung des Adjektivs und zusammengesetzter Nomen vorgestellt. Die Spielformen können leicht auf andere Wortarten übertragen werden. Das Grundmaterial für die Legespiele sind Kartenpaare. Im Bereich der Nomen bieten sich dazu z. B. an: Einzahl - Mehrzahl, Nomen mit bestimmtem und unbestimmtem Artikel; bei den Verben: Grundform - flektierte Form, Gegenwartsform - Vergangenheitsform.

• Wörterschlange

Gegensatzpaare oder Sätze/Kurztexte, in denen die Adjektive hervorgehoben sind, werden auf verschiedenfarbige Karten geschrieben (siehe Kopiervorlage, S. 37). Die Adjektive sollten in der Merkfarbe für diese Wortart geschrieben oder mit Marker gekennzeichnet sein. Nachdem der Wortschatz anschaulich in Verbindung mit realen Gegenständen oder Abbildungen inhaltlich erarbeitet wurde, kann eine Gegensatzschlange gelegt werden. Hierbei werden an einen Schlangenkopf aus Tonpapier die Gegensatzkarten angelegt. Die Übung kann gut mit der Bildung eines Satzes verbunden werden. Beispiel: Ein Kind hat die Adjektivkarte *heiß*. Es bildet dazu einen Satz, z. B.: „Der Tee ist *heiß*.", und legt die Karte ab. Das Kind mit der passenden Wortkarte sagt z. B. „Der Schnee ist *kalt*." und legt an.

Die Kinder legen gern eine Schlange mit vielen Windungen, die ästhetisch anspricht. Sie stellen sich entlang der Schlange auf und lesen die Wörter vor. Anschließend können Ratespiele durchgeführt werden, die auch als Rechtschreibaufgabe dienen können. Dabei werden einzelne Karten umgedreht. Die Kinder schließen von der noch liegenden Karte eines Kartenpaares auf die umgedrehte Karte und kontrollieren durch Umdrehen. Für das dritte und vierte Schuljahr können Kartenpaare zum „Angeberspiel" (siehe Kopiervorlage, S. 38) eingebracht werden, mit dem die Bedeutung von zusammengesetzten Adjektiven erarbeitet werden kann. Die neuen „langen" Adjektive können durch die erste Karte leichter strukturiert werden.

• Tausendfüßler

Gegensatzkarten eignen sich in Verbindung mit Nomenkarten gut für die Satzbildung (siehe Kopiervorlagen, S. 39/40). Die Kinder lernen dabei schnell Sinnassoziationen von einem Adjektiv zu einem semantisch nahe liegenden Nomen herzustellen, eine Fähigkeit, die für das Nutzen von Sinnstützen beim Lesen wichtig ist. Die Kinder bilden Kleingruppen. Jede Gruppe erhält einen Umschlag mit vier Gegensatzpaaren und acht passenden Nomen. Die Kinder suchen sich einen Tausendfüßlerkopf aus. Sie legen zuerst die Gegensatzpaare und ordnen dann die Nomen zu. Es hat sich als hilfreich erwiesen, die Wortkarten, die zu einer Gruppe gehören, jeweils mit der Nummer des Umschlages zu kennzeichnen. Nachdem die Karten gelegt und überprüft sind, werden sie wieder durcheinander gebracht und der Tisch wird gewechselt. Aus den Karten an der letzten Station werden Sätze gebildet und aufgeschrieben.

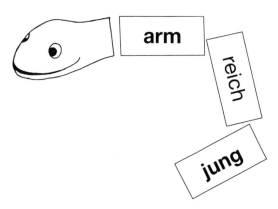

Gegensatzkarten

arm	**groß**	weiß
voll	**jung**	krank
gesund	**gerade**	schwer
schwarz	**fröhlich**	richtig
falsch	krumm	reich
nah	traurig	hässlich
schön	leer	alt
leicht	fern	klein

- Macht zu zweit Wörtersuchspiele!
  Ein Kind nennt ein Wort, das andere muss es schnell zeigen.
- Schneidet die Karten aus und spielt das Platzwechselspiel!
- Ordne die Karten zu Paaren!
- Ihr könnt mit den Karten auch Memory spielen.

Angeberspiel

Unsere Stürmer im Fußball können sehr schnell laufen.	Unsere sind besser. Die laufen blitzschnell.
Ich finde Textaufgaben leicht.	Pah, für mich sind die kinderleicht.
Meine neue Hose ist blau.	Ich habe sogar eine himmelblaue Hose.
Jetzt wird mir alles klar.	Und mir wird alles sonnenklar.
Mein Bruder ist stark.	Ha, mein kleiner Bruder ist schon bärenstark.
Mein Vater hat sich ein großes Auto gekauft.	Wir haben schon lange ein riesengroßes Auto.
Wir haben das Spiel hoch gewonnen.	Wir haben aber haushoch gewonnen.
Ich schwimme auch in kaltem Wasser.	Bei mir kann das Wasser sogar eiskalt sein.
Als ich auf dem Dreimeterbrett stand, hatte ich weiche Knie.	Und ich hatte sogar butterweiche Knie.
Meine Oma hat ein schönes Kleid.	Aber meine Oma hat ein wunderschönes Kleid.

Der Tausendfüßler 1

weich ¹	schmal ¹	Wasser ¹	Fluss ¹
breit ¹	trocken ¹	Zitrone ¹	Kuchen ¹
sauer ¹	hart ¹	Kissen ¹	Bach ¹
nass ¹	süß ¹	Stein ¹	Wäsche ¹

kalt ²	langsam ²	Nacht ²	Auto ²
dunkel ²	heiß ²	Rock ²	Hose ²
schnell ²	kurz ²	Eis ²	Roller ²
lang ²	hell ²	Herd ²	Tag ²

dünn ³	lieb ³	Ball ³	Meer ³
tief ³	rund ³	Berg ³	Prinzessin ³
eckig ³	dick ³	Räuber ³	Würfel ³
böse ³	hoch ³	Seil ³	Faden ³

- Schneide die Karten zu jeder Nummer aus und ordne sie!
- Bilde Sätze und schreibe sie auf! Beispiel: Das Kissen ist weich.

Der Tausendfüßler 2

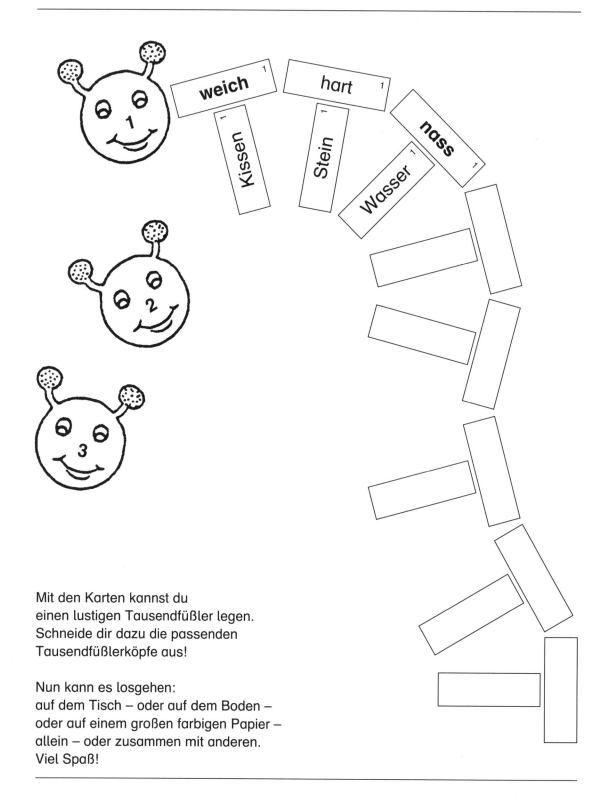

Mit den Karten kannst du
einen lustigen Tausendfüßler legen.
Schneide dir dazu die passenden
Tausendfüßlerköpfe aus!

Nun kann es losgehen:
auf dem Tisch – oder auf dem Boden –
oder auf einem großen farbigen Papier –
allein – oder zusammen mit anderen.
Viel Spaß!

• **Leserätsel mit Wendekarten**
Als Vorübung für das Erstellen von Leserätseln zieht ein Kind eine Adjektivkarte, denkt sich dazu ein passendes Nomen aus und stellt die „Wiefrage", die so zur Bestimmung von Adjektiven gefestigt wird, z. B. „Wie ist der Kuchen?". Die Mitschülerinnen und Mitschüler raten, z. B. süß, braun, warm, frisch, lecker.

Die Kinder verfassen nun nach einem vorgegebenen Grundmuster selbst einfache Rätsel. Diese werden auf Karten geschrieben oder gestempelt, auf die Vorderseite das Rätsel, auf die Rückseite die Lösung. Mit diesen Karten wird dann gespielt. Das erste Kind nimmt eine Karte und hält seinem Gegenüber das Rätsel hin. Das andere Kind liest das Rätsel und versucht es zu lösen. Der Partner vergleicht mit der Lösung auf der Rückseite und gibt gegebenenfalls Hilfen mit dem Anlaut. Anschließend werden die Rollen getauscht. Rätselkarten können leicht in unterschiedlichem Schwierigkeitsgrad angeboten werden (siehe Kopiervorlagen, S. 42/43).

Wenn mit den Karten z. B. in einer Vierergruppe gespielt werden soll, dann sitzen jeweils einem Kind drei Kinder gegenüber. Das einzelne Kind nimmt eine Karte vom Stapel und liest das Rätsel vor, die anderen raten und überprüfen dann gemeinsam. Nun rutschen alle im Uhrzeigersinn einen Platz weiter, und das nächste Kind liest vor. Wichtig ist dabei, dass das vorlesende Kind zunächst *still* das Rätsel erliest, um es dann in Sinnschritten laut vorzulesen.

Grundsätzlich sollte bei fremden Texten den Kindern immer Zeit für das stille Lesen gegeben werden. Das Kind kann dann in seinem Lesetempo, mit seiner Lesestrategie den Text erschließen. Beim lauten Vorlesen ist das Kind so stark mit der Klanggestaltung beschäftigt, dass dabei meist das Sinnverständnis leidet.

• **Platzwechselspiel**
Abstrakta als Nomen zu erkennen macht vielen Kindern Schwierigkeiten. In Satzpaaren mit Nomen und abgeleiteten Adjektiven können diese Wörter inhaltlich gut geklärt werden.

Die Sätze der Kopiervorlage (S. 44) nehmen alltägliche Situationen der Kinder auf, wie sie im Erzählkreis vorkommen können. Idealerweise werden die Sätze so gewählt, dass jedes Kind sich bei einer Karte mit seinen Erfahrungen wiederfinden kann. Daher wird bei der Ausgabe der Karten und vor Spielbeginn gesagt, dass für jedes Kind eine bestimmte Karte dabei sei. Damit wird das Lesespiel nicht zu einem formalen Akt, bei dem nur auf Einzelwörter geachtet werden muss, sondern die Kinder sind inhaltlich daran beteiligt. Auf den Karten werden jeweils die Abstrakta mit der Merkfarbe für Nomen und die Adjektive mit ihrer Merkfarbe geschrieben oder markiert.

Spielverlauf: Die Kinder sitzen im Kreis und ziehen jedes eine Karte. Die eine Hälfte bekommt Sätze mit einem Adjektiv, die andere Sätze mit einem Nomen. Ein Kind mit einem „Nomensatz" beginnt. Das Kind mit dem passenden „Adjektivsatz" liest auch vor, und beide wechseln den Platz. Das Spiel berücksichtigt den Bewegungsdrang der Kinder und leistet auch einen Beitrag zum sozialen Lernen. Jedes Kind ist dabei aktiv integriert. Durch das Spiel wird auch die Sitzordnung aufgehoben; die Kinder lernen wechselnde Sitzpartner anzunehmen. Nur wer möchte, kann am Schluss seinen persönlichen Satz nennen.

• **Domino als Legespiel oder als Sitzdomino**
Das Sitzdomino bringt viel Bewegung, aber auch gleichzeitig konzentriertes ruhiges Zuhören mit sich, da sonst der Partner/die Partnerin nicht gefunden werden kann. Auch für das Sitzdomino benötigt man Karten nach Art des Dominospieles, die aneinander anschließen, wobei die Zuordnung möglichst eindeutig sein sollte. Die Startkarte wird mit einem Punkt oder einem Kopf o. Ä. gekennzeichnet. Eine Kontrolle ist dadurch gegeben, dass die erste und die letzte Karte wieder aneinander anschließen oder dass die letzte Karte den Schwanz des Wurmes, der Schlange, der Raupe usw. zeigt. Wird dieser als einzelne Karte gestaltet, kann er auf jede Karte mit einer Büroklammer aufgesteckt werden; dadurch kann die Anzahl der Karten zur Differenzierung unterschiedlich bestimmt werden.

Beim Sitzdomino sitzen die Kinder im Kreis. Ein Stuhl ist übrig. Jedes Kind zieht eine Karte. Das Kind, das rechts neben dem Kind mit der

Rätselkarten 1

Es ist weiß, es ist heiß, man kann darauf kochen.	Es ist dünn, es ist spitz, man kann damit nähen.
Es ist süß, es ist kalt, man kann es schlecken.	Es ist lang, es ist spitz, man kann damit schreiben.
Es ist eckig, es ist weich, man kann sich damit abtrocknen.	Es ist schmal, es ist gebogen, man kann Kleider darauf hängen.
Es ist spitz, es ist länglich, man kann damit schneiden.	Es ist gelb, es ist sauer, man braucht es in der Küche.
Es ist kalt, es ist weiß, es fällt vom Himmel.	Es ist braun, es ist hart, man kann es verbrennen.
Es ist rund, es ist süß und rot, man kann es essen.	Es ist groß, es ist grau, es kann trompeten.
Es ist braun, es ist knusprig, man isst es zum Frühstück.	Es ist rund, es ist bunt, man kann damit spielen.

- Schneidet die Karten aus!
- Lest die Rätsel! Könnt ihr sie erraten?
  Diese Wörter helfen euch: der Ball, der Bleistift, das Brötchen, das Eis, der Elefant, das Handtuch, der Herd, das Holz, die Kirsche, der Kleiderbügel, die Nadel, die Schere, der Schnee, die Zitrone.
- Schreibt die Lösungen auf die Rückseite der Karten.

Rätselkarten 2

Welcher Zug fährt nicht auf Schienen?	Welcher Hase hat kein Fell?
Welcher Spieler hat keine Arme und Beine?	Welche Schlange beißt nicht?
Welches Bein kann nicht laufen?	Welche Birne kann man nicht essen?
Welches Futter mag kein Tier?	Welche Fliege fliegt nicht?
Welcher Schuh sitzt nicht am Fuß?	Welcher Stern leuchtet nicht am Himmel?
Welchen Mantel kann man nicht anziehen?	Welcher Kopf hat keine Augen?
Welcher Nagel ist nicht aus Eisen?	Auf welcher Bank kann man kein Geld abheben?
Welcher Hahn kräht nicht?	Welcher Stuhl ist nicht zum Sitzen da?
Welche Sohle ist nicht aus Leder?	In welchem Haus wohnt kein Mensch?
In welches Schloss kann kein Mensch hineingehen?	Welche Bahn fährt nicht?
Welcher Mann hat kein Blut?	Welchen Ball kann man nicht werfen?

- Schneidet die Karten aus!
- Lest die Rätsel! Könnt ihr sie erraten?
- Diese Wörter helfen euch: Angsthase, Aufzug, Eisbahn, Fahrradmantel, Fahrstuhl, Faschingsball, Fingernagel, Frackfliege, Fußsohle, Glühbirne, Handschuh, Kohlkopf, Luftschlange, Mantelfutter, Plattenspieler, Schneckenhaus, Schneemann, Seestern, Sitzbank, Stuhlbein, Türschloss, Wasserhahn.
- Schreibt die Lösungen auf die Rückseite der Karten.

Platzwechselspiel

Bei uns gab es gestern Ärger, weil meinem Vater das Geschirr hingefallen ist.	Mein Bruder war sehr ärgerlich, weil seine Motorsäge nicht ansprang.
Mein kleiner Bruder bekam einen Schrecken, als ich plötzlich in sein Zimmer kam.	In Brombach ist letzte Woche ein schrecklicher Unfall passiert.
Wenn ich allein zu Hause bin, habe ich manchmal Angst.	Das Kätzchen schlich ängstlich um den schwarzen Hund herum.
Ich möchte so gerne den Farbkasten gewinnen, hoffentlich habe ich Glück.	An meinem Geburtstag war ich sehr glücklich, weil alle so nett zu mir waren.
Wenn Opa schläft, muss bei uns Ruhe sein.	Als unsere Lehrerin erzählte, waren wir alle ganz ruhig.
Vor Zorn warf ich meine Sachen hin.	Unser Nachbar schreit oft, denn er ist ein zorniger Mann.
Dein Geschrei geht mir aufs Gemüt.	„Heute machen wir es uns gemütlich", versprach Mutter.
Ich wollte ins Zeltlager mitfahren, aber meine Eltern hatten Bedenken.	Oma hörte meinem Vorschlag zu, doch auch sie schüttelte bedenklich den Kopf.
Alle Menschen wünschen sich Frieden auf der Welt.	Wir wollen in der Klasse friedlich miteinander umgehen.
Ich habe keine Lust, immer mit meinem Bruder zu spielen.	Am Nachmittag gab es im Fernsehen einen lustigen Film.

- Schneidet die Karten aus!
- Ein Kind nimmt die Karten mit den Nomen, ein anderes Kind die Karten mit den Adjektiven.
  Das erste Kind wählt eine Karte aus und liest sie vor.
  Das zweite Kind muss die passende Karte vorlesen.
- Ihr könnt mit den Karten auch eine Schlange oder Schnecke legen.

Domino

● Sommerabend	Türschlüssel	Dachfenster
Flaschenhals	Geldbrief	Postauto
Autodach	Abendkleid	Glasflasche
Schlüsseltasche	Tuchfabrik	Schranktür
Halstuch	Taschengeld	Fabrikbesitzer
Kleiderschrank	Fensterglas	Briefpost

- Schneide die Karten aus!
- Kannst du die Kette legen? Die Karte mit dem Punkt beginnt.

==Startkarte sitzt, muss auf den leeren Platz. Nun ist der Platz rechts neben dem Kind mit der Startkarte frei.== Das Kind liest vor. Wer die passende Anschlusskarte hat, setzt sich auf den freien Platz. Nun muss wieder der Platz rechts neben diesem Kind frei werden. Daher setzt sich dieses Kind auf den vorher frei gewordenen Platz.

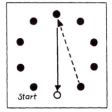 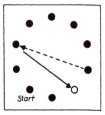

Inhaltlich bietet sich für dieses Spiel z. B. eine Leseübung mit zusammengesetzten Nomen an. Die Kinder lernen dabei, lange, zunächst schwer überschaubare Wörter sinnvoll zu segmentieren und die Schnittstelle zwischen den beiden Wörtern zu erfassen, da bei diesem Kettenspiel der erste Teil des Wortes schon durch den vorherigen Leser angegeben ist (siehe Kopiervorlage, S. 45).

- **Lesebingo**

Viele Kinder haben, oft durch den Dialekt bedingt, Schwierigkeiten mit dem richtigen Gebrauch verschiedener Kasus oder der Präteritalform bei starken Verben. Es gilt im Sinne eines „pattern drill" den richtigen Gebrauch über den optischen, akustischen und auch motorischen Kanal einzuüben.

Mit dem Lesebingo lassen sich bestimmte Satzbaumuster (siehe Kopiervorlage 1, S. 47) und auch Wortformen (siehe Kopiervorlage 2, S. 48) gut einprägen, was sich auch positiv auf das Verfassen von Texten auswirkt. Das Bingospiel erfordert immer wieder das Überfliegen und dann das genaue Lesen und führt nach mehreren Durchgängen zu einem sicheren und schnellen Auffinden der Wörter bzw. Sätze, wobei das Kind auf auffällige Buchstaben und Buchstabengruppen achten muss und übt, bestimmte Wörter ganzheitlich zu erfassen.

Das Lesebingo ist ein Kleingruppenspiel. Es besteht aus drei oder vier Grundplatten, auf denen jeweils die gleichen Sätze oder auch Einzelwörter stehen, aber auf jeder Platte in anderer Anordnung. Dazu gibt es noch einen Satz Einzelkarten mit dem gleichen Wortschatz sowie Spielsteine. Ein Kind ist Spielleiter und liest die Einzelkarten der Reihe nach vor. Die anderen belegen dieses Wort bzw. diesen Satz auf ihrer Platte mit einem Spielstein. Wer zuerst eine Waagerechte oder eine Senkrechte gelegt hat, ruft „Bingo" und hat gewonnen. Vor der nächsten Runde können die Sätze bzw. Wörter des Bingokönigs/der Bingokönigin von allen aufgeschrieben werden. Das Kind, das gewonnen hat, wird jetzt Spielleiter, die anderen wechseln die Grundplatten untereinander aus. Bei diesem Wettspiel gewinnt nicht unbedingt der schnellste Leser, sondern der Gewinner ergibt sich durch Zufall, sodass auch langsame Leser gewinnen können. Vom Spielleiter werden soziale Fähigkeiten gefordert. Er muss sich auf das Lesetempo der anderen einstellen, warten, bis jedes Kind sein Feld mit einem Spielstein belegt hat, und ggf. Hilfe anbieten.

Hilfe anzubieten, sollte gesondert erarbeitet werden. Ziel ist, dass jedes Kind die Chance erhält, die Lösung selber zu finden, und damit auch sein Erfolgserlebnis bekommt. Daher kann eine Hilfe nicht darin bestehen, einfach auf das passende Feld zu zeigen, sondern z. B. die Karte hinzuhalten zum optischen Vergleich und/oder die möglichen Felder einzugrenzen: „Schau in die dritte Reihe."

Der Lehrer/die Lehrerin kann die Grundplatten selbst beschriften. Dafür ist es hilfreich, zunächst die ersten beiden Platten gleich zu beschriften. Eine davon wird zerschnitten, die Karten werden gemischt und in dieser Reihenfolge wird die nächste Platte beschriftet. Bei einem anderen Herstellungsverfahren erhält jedes Kind eine leere Grundplatte, schneidet ein Blatt mit den Karten aus und klebt sie in beliebiger Reihenfolge auf der Platte auf. Diese Aufgabe kann auch als Suchspiel durchgeführt werden: Jedes Kind legt seine Einzelkarten vor sich hin, nimmt nach Vorgabe eines anderen Kindes oder der Lehrerin/des Lehrers eine Karte heraus und klebt sie an beliebiger Stelle auf der Grundplatte auf.

Lesebingo 1

Peter trifft seinen Freund.	Martin sieht einen Hund.	Mutter geht in einen Laden.
Mein Bruder isst einen Apfel.	Die Katze klettert auf einen Baum.	Vater holt einen Eimer.
Lars trifft seinen Onkel.	Vater holt einen Stuhl.	Peter malt einen See.
Sabine füttert einen Vogel.	Tine kauft einen Bleistift.	Mutter baut einen Tisch.
Meine Tante backt einen Kuchen.	Vater kauft einen Anzug.	Karin sieht einen Hasen.

Lesebingo 2

er schrieb	er rief	sie geht	er sah
sie reitet	er läuft	sie schwamm	er schreibt
er sieht	sie kommt	er ruft	sie kam
sie schwimmt	sie ritt	er liest	er schläft
er schlief	er lief	er las	sie ging

Übungen zum Erlesen von Texten

Auf Grund der unterschiedlichen Lesevoraussetzungen der Kinder entscheiden sich Lehrer und Lehrerinnen bei der Behandlung von Texten im Leseunterricht häufig dazu, den Text selbst vorzutragen oder ihn von guten Lesern vorlesen zu lassen, damit er allen bekannt ist und so anschließend auch mit allen am Text gearbeitet werden kann. Bei einem solchen Vorgehen baut der Lehrer/die Lehrerin - so ist zu hoffen - durch eine gute Textauswahl Interesse an Texten auf, selbstständiges Erlesen und Erschließen von Texten lernen die Kinder so nicht. Problematisch ist dabei, dass dem Kind mit Leseschwierigkeiten gar nicht die Chance zu der Erfahrung gegeben wird, dass es sich einen Text selbst erschließen kann.

Ausgehend von der Lesefertigkeit müssen für Kinder mit Leseschwierigkeiten wie im ersten Schuljahr die zu behandelnden Texte vorbereitet werden. So kann jedes Kind zu Erfolgserlebnissen im selbstständigen Erlesen der Texte kommen und mit der Zeit zum „Leser" werden.

Am Beispiel von zwei Texten, die für den Anfang des zweiten Schuljahres geeignet sind, sollen Möglichkeiten der Vorbereitung und Übung von Texten aufgezeigt werden. In dieser Art vorbereitete Lesetexte führen bei Kindern mit Leseschwierigkeiten bei der Erstbegegnung mit dem Originaltext zu Erfolgserlebnissen und fördern so die Lesemotivation.

Erarbeitung von Teilen des Wortschatzes

„Jan-Jaap, der kleine Holländer"[71] lässt sich gut in Verbindung mit dem Thema „Familie" behandeln. Unter der Fragestellung, wer alles zur Familie gehört, werden an der Tafel u. a. Personen und Tiere des Textes gesammelt.

Anschließend können Wörter wie Kanarienvogel, Hündchen, Kätzchen, Großvater, Großmutter durch Silbenkarten lesemäßig gefestigt werden. Unter der Überschrift „Das ist die Familie von ..." fügen die Kinder die Silbenkärtchen zusammen. Bewusst wurde dabei „Kätzchen" aufgenommen, um auf das Suffix „-chen" als Gliederungshilfe aufmerksam zu machen. Durch lautweisen Wortaufbau können dann noch die Tiere Namen bekommen: St, Str, Stro, Strol, Strolch und St, Stu, Stup, Stups (als Vorbereitung auf das Wort „Stupsnase").

Jan-Jaap, der kleine Holländer
Leonard Roggeveen[71]

Zehn Bäume, hundert Bäume,
tausend Bäume:
Das ist ein Wald.
Zehn Steine, hundert Steine,
tausend Steine,
ein Dach und ein Schornstein oben darauf:
Das ist ein Haus!
Ein kleines Haus in Holland.

Zwei Arme, zwei Beine, zwei Augen,
zwei Ohren, eine Nase, ein Mund
und noch viele andere Dinge:
Das ist Jan-Jaap!
Jan-Jaap ist ein Junge von fünf Jahren.
Er wohnt in diesem Haus.
In dem Haus mit dem Schornstein
oben darauf.
Und das Haus steht nahe am Wald.
An dem Wald mit den tausend Bäumen!

Wohnt Jan-Jaap allein in diesem Haus?
Aber nein!
Vater und Mutter wohnen auch darin.
Und Großmutter.
Und Strolch, das kleine, weiße Hündchen.
Und Peter, der Kanarienvogel.

Jan-Jaap ist ein kräftiger Junge.
Er hat dicke, rote Backen
und helle, blaue Augen.
Er hat eine Stupsnase
und ein kleines, rundes Kinn.
Seine Haare sind ...
„Gelb!", sagt der Vater.
„Golden!", sagt die Mutter.
„Falsch!", sagt die Großmutter.
„Sie sind nicht gelb
und sie sind nicht golden,
sie sind blond!"

Die Geschichte vom Ferkelchen
Ursula Wölfel[72]

Einmal ist ein Schwein
mit seinen Ferkelchen
auf die Wiese gegangen.
Es war sehr heiß
und das Schwein
hat sich in den Schatten gelegt
und es ist eingeschlafen.
Da sind die Ferkelchen weggelaufen.

Eins ist in den Garten gelaufen,
da hat es grüne Beeren gefressen
und davon hat es Bauchweh bekommen.

Eins ist in den Hof gelaufen,
da hat der Gänserich das Ferkelchen
in das Ringelschwänzchen gezwickt.

Eins ist auf die Straße gelaufen,
da ist ein Auto gekommen
und das Ferkelchen ist vor Schreck
in den Graben gekugelt
und nachher war es ganz schmutzig.

Nur das allerkleinste Ferkelchen,
das ist bei der Mutter geblieben.
Es hat kein Bauchweh bekommen,
es ist nicht vom Gänserich
gezwickt worden
und es war überall ganz fein und rosa.
Aber es hat sich den ganzen Tag
nur gelangweilt.

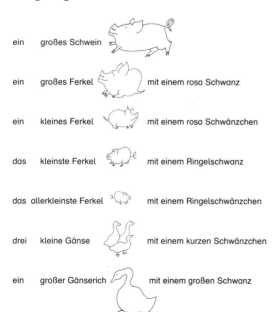

Für „Die Geschichte vom Ferkelchen" müssen schwierige, lange Wörter wie „allerkleinste", „Ringelschwänzchen", „Gänserich", „Ferkelchen", „weggelaufen" vorbereitet werden. Dies kann handlungsorientiert mit Hilfe von beweglichen Text- und Bildelementen geschehen. Günstig ist es, die Teile auf einer Folie herzustellen und dann zu zerschneiden. So können sie von den Kindern auf dem Tageslichtprojektor hin- und hergeschoben werden. Die langen Wörter werden durch reihenden, schrittweisen Aufbau lesemäßig erarbeitet.

Die Kinder äußern sich zu den Tieren und benennen sie. Die linke Seite wird aufgelegt und die Kinder ordnen die Abbildungen zu oder umgekehrt, den Tieren werden die Textstellen zugeordnet. Die Bezeichnung der „Schwänze" wird in einem nächsten Schritt vorgenommen. Die Kinder lesen nun in Partnergruppen, ein Kind „ein großes Ferkel", das andere „mit einem rosa Schwanz", wobei die Reihenfolge der Tiere verändert werden kann. Danach wird gewechselt.

Lesehilfen durch leseerleichternde Zeilenanordnung
Der erste Teil des Textes von „Jan-Jaap" lässt sich gut mit leseerleichternder Zeilenanordnung in Rätselform erarbeiten (siehe Kopiervorlage, S. 51). Der Text wird so zum Ratespiel. Gleichzeitig regt der so dargebotene Text die Kinder an, weitere Beispiele nach diesem Muster zu erfinden.

Eine solche Anordnung hat den Vorteil kurzer überschaubarer Zeilen. Identische Wörter stehen untereinander oder nebeneinander und werden so leichter als identisch erkannt. Der Schluss jedes Textabschnittes ist offen gelassen, dadurch wird das Kind zum sinnverstehenden Lesen aufgefordert. Die Aufzählungen zu Jan-Jaap lassen verschiedene Lösungen zu: Kind, Junge, Mädchen, Mensch. Die anschließend von der Lehrerin/vom Lehrer vorgegebene Lösung erarbeitet gleichzeitig das schwierige Wort „Holländer".
Das ist
Jan-Jaap.
Jan-Jaap ist ein Junge.
Jan-Jaap ist ein Junge in Holland.
Jan-Jaap ist ein   Holländer.

Was ist das?

zehn Bäume	zehn Steine	zwei Arme
hundert Bäume	hundert Steine	zwei Beine
tausend Bäume	tausend Steine	zwei Augen
	ein Dach	zwei Ohren
Das ist ein	und ein Schornstein	eine Nase
☐	oben darauf	ein Mund
		und noch
	Das ist ein	viele andere Dinge
	☐	
		Das ist
		☐

Kannst du dir selber eine solche Rätseltreppe bauen?

_____   _____   _____
_____   _____   _____
_____   _____   _____
_____   _____   _____

Das ist eine
| Wiese |

Das ist eine
| Stadt |

Das ist
| mein Nachbar |

Von Ferkeln und Gänsen

Ein Ferkel ist auf die Wiese **ge**gangen.
Es ist zu den Gänsen **ge**laufen.
Da ist der Gänserich **ge**kommen.
Er hat das Ferkel **ge**zwickt.
Da ist das Ferkel weg**ge**laufen.

Die Gänse sind auf den Hof **ge**gangen.
Sie haben Futter **ge**fressen.
Da ist der Gänserich **ge**kommen.
Er hat alle **ge**zwickt
und hat einfach alles weg**ge**fressen.

Das Schwein ist auf die Wiese **ge**gangen.
Es hat sich ins Gras **ge**legt.
Da ist es ein**ge**schlafen.
Die Ferkel haben **ge**spielt
und sind weg**ge**laufen.

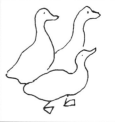

Die Ferkel haben auf der Wiese **ge**spielt.
Sie sind auf die Straße **ge**laufen.
Da ist ein Auto **ge**kommen.
Das Auto hat **ge**halten.
Die Ferkel sind auf die andere Seite **ge**rannt.

- Schneide die Bildkarten aus.
- Lies die Textkarten und lege dazu mit den Bildern die Geschichte.
- Jedes Kind übt einen Text.
  Lest euch gegenseitig die Texte vor und legt dazu die Bilder.
- Ihr könnt mit den Bildern auch eine neue Geschichte erzählen.

Die Kinder sind nun motiviert, mehr über diesen Jungen mit dem so fremd klingenden Namen zu erfahren. Durch die Vorbereitung des ersten Textteils und des schwierigen Wortschatzes können jetzt auch Kinder mit Leseschwierigkeiten ohne große Probleme den Text „still" in ihrem Lesetempo erlesen. Durch den Erfolg beim ersten Teil des Textes bekommen sie Mut, sich auch an den zweiten noch unbekannten Textteil zu wagen.

Was die Tiere, die zu der „Geschichte vom Ferkelchen" vorgestellt wurden, erleben, wird in kurzen Textabschnitten erlesen, die den schwierigen Wortschatz mehrfach wiederholen, ohne den Originaltext vorauszunehmen (siehe Kopiervorlage, S. 52). Das Hervorheben der Vorsilbe „ge-" erleichtert es, die Partizipien richtig zu strukturieren. Die Textteile können an Kleingruppen verteilt werden. Der Text wird nach dem Üben den anderen vorgelesen und mit den beweglichen Bildteilen illustriert. Diese Aufgabe wird von den Kindern in Partnerarbeit gerne wiederholt durchgeführt.

Wiederholtes Lesen des Textes durch darstellendes Spiel
Erst das wiederholte Lesen eines Textes führt zu flüssigem, sicheren Lesen. Das Üben und Vorlesen muss jedoch für die Kinder mit Sinn verbunden sein. Dazu bietet sich bei vielen Texten das darstellende Spiel an. Der Text „Jan-Jaap" ist dafür in dieser Altersstufe gut geeignet, da alle Kinder der Klasse aktiv mitspielen können, keine Anforderungen an differenzierte Mimik und Gestik gestellt werden und das Spiel „stumm" zum Text in großformatigen Bewegungen umgesetzt werden kann.[73]

Bei der inhaltlichen Erarbeitung des Textes werden die Personen (und Tiere) der Familie festgestellt. Daraufhin werden die Kinder für das Spiel in „Spieler" und „Erzähler" (Leser) aufgeteilt. Jetzt ist für die Leser (jedes Kind liest einen Absatz vor) eine echte Vorlesesituation gegeben. Es wird nicht zum x-ten Male ein allen schon bekannter Text nur um der Leseübung und Leseüberprüfung willen nach und nach vorgelesen (wobei alle mit dem Finger im Lesetempo des vorlesenden Kindes mitlesen müssen), sondern jetzt erfordert das darstellende Spiel das Vorlesen, das mit jeder neuen Rollenbesetzung allen sinnvoll und notwendig erscheint.

So kann das Spiel gestaltet werden: Die meisten Kinder spielen den Wald, zwei Kinder das Haus, je ein Kind den Schornstein, Jan-Jaap, Strolch, Peter, Vater, Mutter, Großmutter. Zu Beginn sitzen alle in der Hocke. Nach und nach richten sich die Bäume auf, breiten ihre Äste aus und wiegen sich im Wind. Nun entsteht das Haus mit dem Dach. Ein großes Kind streckt mit den Armen den Schornstein hindurch. Jan-Jaap kommt langsam aus der Hocke hoch, zeigt seine Körperteile, Strolch tritt kurz bellend auf, und Peter fliegt pfeifend um Jan-Jaap herum. Die anderen Personen erheben sich und verbeugen sich, sobald sie genannt werden, sprechen selbst ihre Worte oder deuten nur stumm auf Jan-Jaaps Haare, während das vorlesende Kind die wörtliche Rede spricht.

Gut lassen sich auch die Übungstexte zur „Geschichte vom Ferkelchen" in ein szenisches Spiel mit vielen beteiligten Kindern umsetzen. Für das Spiel ist das sichere, sinngestaltende Lesen notwendig, bei dem der Leser sich mit passenden Lesepausen auf die Spieler einstellen muss. Bereitwillig werden dafür die kurzen, überschaubaren Texte geübt.

Übungen zur Ausgestaltung der Lesestrategien

Mit den Übungen zum Aufbau einer Lesebereitschaft, den Lesespielen und der Vorbereitung von Lesetexten sind im Hinblick auf das Üben im Leseunterricht schon wichtige Aspekte angesprochen. Aber das Lesen von Büchern allein und der Umgang mit Lesespielen reichen für viele Kinder nicht aus. Damit werden nicht spezifisch genug bestimmte Fertigkeiten gefördert, die für das Lesen herausgebildet und in ihrem Zusammenspiel geübt werden müssen. Gerade bei einem so komplexen Prozess wie dem Lesen ist die Gefahr groß, dass Kinder sich falsche oder einseitige Lesestrategien aneignen.[74]

Um gezielte Übungsbereiche zu entwickeln, muss man wissen, wie der Leseprozess abläuft und welche Fertigkeiten dazu notwendig sind.

Zum Leseprozess

Beim Lesen stehen der Leserin/dem Leser unterschiedliche Informationsquellen[75] zur Verfügung, die sie oder er alle nutzen kann, aber nicht immer alle nutzen muss. Je mehr Informationsquellen das lesende Kind zu nutzen versteht, um so besser kann es lesen. Wir unterscheiden zwischen wortinternen Informationsquellen (Buchstaben, Buchstabengruppen wie z. B. Silben, Signalgruppen und Morpheme), textinternen Informationsquellen (semantische Zusammenhänge, syntaktische Einschränkungen und Textstrukturen) sowie außersprachlichen Informationsquellen (Bilder oder Situationskontext). Da die Informationen auf mehreren Ebenen, der Buchstaben-, Wort-, Satz- und Textebene gegeben werden, kann auch ein rudimentär vorgegebener Text gelesen werden.

Viele Lehramtsstudierende haben längst, dass sie nach dem Studium keine Anstellung bekommen.[76]

Welche Informationsquellen, *Kenneth S. Goodman* verwendet den Begriff „Hinweissysteme"[77], werden dabei genutzt? Die Buchstaben und Buchstabenfolgen, von denen eine bestimmte Auswahl reicht, sind *ein* Hinweissystem. So führt z. B. „stell" zu „Anstellung". Daneben gibt die Spracherfahrung Hinweise, und zwar das Wissen um Wort- und Satzbaumuster und Bedeutungszusammenhänge. Nach „Viele Lehramtsstudierende" muss die Verbform „ha**ben**" heißen; nach dem Komma erwarten wir eine Konjunktion, mit ss kann es nur „dass" sein. Unser semantisches Wissen lässt ausgehend von „Studierende" auf „Studium", „Examen", „Hochschule" oder „Universität" schließen. Syntaktisch schließt „dem" die Fortführung „Hochschule" oder „Universität" aus. „Examen", das syntaktisch möglich wäre und die gleiche Graphemanzahl aufweist, wird durch die vorhandenen Buchstaben bzw. Buchstabenteile, die wir zur Hypothesenüberprüfung nutzen, ausgeschlossen.

Beim Lesen dieses Satzes werden folgende vier Zugriffsweisen, *Hans Brügelmann* nennt sie Taktiken[78], verwendet:
- das Nutzen von Sinnstützen,
- das Nutzen von syntaktischen Begrenzungen,
- das Nutzen von bekannten Wörtern und Wortteilen,
- das Nutzen von Buchstaben-Laut-Beziehungen.

Dazu sind Wissen um Buchstaben-Laut-Beziehungen, Sprachvermögen und ein allgemeiner Erfahrungshorizont notwendig. *Sabine Gross* fasst dies in den Begriffen „Wort- und Weltwissen" als Voraussetzung und beim Lesen beteiligte Faktoren zusammen[79]. Wer die bildungspolitische Situation nicht kennt, wem der Begriff „Lehramt" nicht geläufig ist, hat hier Schwierigkeiten, das Textbeispiel zu entschlüsseln.

Aus der Analyse des Vorgehens beim Lesen dieses Satzes wird deutlich: Lesen ist kein Vorgang, bei dem schrittweise zuerst alle Zeichen aufgenommen und den Zeichen Laute zugeordnet werden, die Synthese durchgeführt und anschließend der Sinn entnommen wird, sondern Lesen ist eine von der Lesererwartung gesteuerte Suche nach Information, bei der minimale Sprachhinweise ausreichen, um den Text zu lesen. Wir gehen heute von einem „interaktiven" Lesemodell aus, bei dem nicht schrittweise ausgehend von den Buchstaben (bottom - up) oder umgekehrt von der Sinnerwartung gesteuert (top - down) vorgegangen wird, sondern „Bottom-up"- und „Top-down"-Prozesse laufen gleichzeitig und in Wechselwirkung ab.[80]

Lesen ist immer mehr als die Zuordnung von Lauten bzw. Lautfolgen zu Buchstaben bzw. Buchstabenfolgen. Dieser Weg kann allein nicht zum Ziel führen.[81] Ein Beispiel mag dies verdeutlichen.

Ein Rentier kam ...

Wir erwarten jetzt „... aus dem Wald", „... in Lappland bis an unser Zelt" u. Ä. Geht der Satz aber so weiter:

Ein Rentier kam aus der Bank.

sind wir verwundert, stutzen, überprüfen noch einmal, ob wir uns nicht verlesen haben, evtl. ein Druckfehler vorliegt (kam an der Bank vorbei). Wir überprüfen unsere Hypothesen und springen dazu mit den Augen im Satz zurück und nochmal vor, um spätestens beim nächsten Satz

Er hatte gerade seine bescheidene Rente abgehoben.

unsere Hypothese zu verwerfen und aus „Rentier" „Rentier" zu machen.

Lesen kann also je nach Fortgang des Textes Korrekturen, auch ein Zurückgehen im Text notwendig machen.

Da unsere Schrift weder die Segmentierung eines Wortes noch die Betonung und meistens auch nicht die Länge oder Kürze der Vokale vorgibt noch eine eindeutige Buchstaben-Laut-Beziehung aufweist, muss der Leser problemlösend vorgehen. Das Wort „Esel" kann auf Grund der Phonem-Graphem-Korrespondenzen Es-el, Es-e:l, E:s-el, E-se:l, E:se:l usw. gesprochen werden.

Lesen ist also immer mehr als die Zuordnung von Lauten zu Buchstaben bzw. Buchstabenfolgen. Lesen ist ein aktiver problemlösender Akt, bei dem neben Buchstaben Kontextbezüge zum Finden des richtigen Sprechwortes notwendig sind. Ob das Wort „Hochzeit" oder „Ho:chzeit", „rasten" oder „ra:sten" heißt, können wir nur mit Hilfe des Kontextes bestimmen. Lesen, das wurde an den Beispielen deutlich, ist ein Hypothesen bildender und Hypothesen testender Vorgang, der auch Korrekturen und z. T. ein Zurückgehen im Text erforderlich macht.

Lesestrategien von Kindern
Welche Lesestrategien lassen sich bei Kindern, die lesen *lernen*, feststellen, die also noch auf dem Weg zum fortgeschrittenen Lesen sind?

Eine Übersicht verschiedener Entwicklungsmodelle (siehe S. 56) macht typische, regelhafte Entwicklungsschritte deutlich, die meistens in dieser Reihenfolge ablaufen. Es gilt aber immer wieder zu betonen, dass individuell starke Abweichungen und unterschiedliche Entwicklungsverläufe zu beobachten sind.[82]

Gerheid Scheerer-Neumann hat in ihrem Zwei-Wege-Modell[83] Fragen zu den Lesestrategien

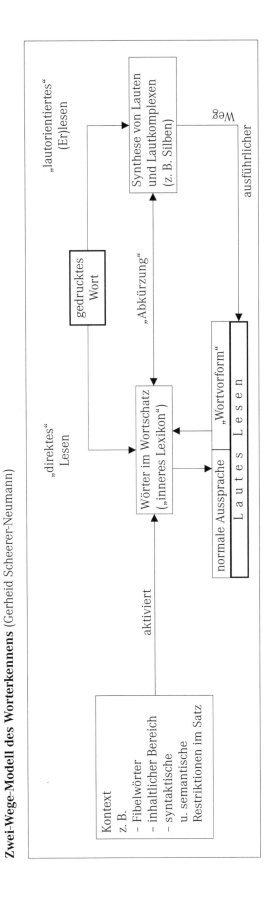

Zwei-Wege-Modell des Worterkennens (Gerheid Scheerer-Neumann)

Stufenmodelle zum Schriftspracherwerb

Renate Valtin	Gerheid Scheerer-Neumann	Hans Brügelmann/ Erika Brinkmann	Klaus B. Günther
			0. Präliteral-symbolische Phase 1 Präliteral-symbolische Phase 2
1. Nachahmung äußerer Verhaltensweisen *„Als-ob"-Vorlesen*	1. Benennen von Firmenzeichen und Wörtern	1. Schrift als Merkmale der Umwelt *1.1 Kontext deuten* *1.2 Etiketten benennen*	1. Logographemische Phase 1
2. Kenntnis einzelner Buchstaben anhand figurativer Merkmale *Erraten von Wörtern*	2. Buchstaben als Erkennungsmerkmal 3. Hilfen durch Kontext	2. Schrift als Kombination wiederkehrender Zeichen *2.1 einzelne Buchstaben wiedererkennen* *2.3 Buchstabenfolgen als Namen merken*	Logographemische Phase 2
3. Beginnende Einsicht in den Buchstaben-Laut-Bezug, Kenntnis einiger Buchstaben/Laute *Benennen von Lautelementen*	4. Benennen mit Lautelementen	3. Schrift(zeichen) als Hinweis auf Sprachlaute *3.1 Lautieren einzelner Buchstaben* *3.2 Entziffern der Buchstabenfolge*	2. Logographemische Phase 3 Alphabetische Phase
4. Einsicht in die Buchstaben-Laut-Beziehung *Buchstabenweises Erlesen*	5. Erstes vollständiges Erlesen		3. Orthographische Phase 1
5. Verwendung orthographischer bzw. sprachstruktureller Elemente *Fortgeschrittenes Lesen*	6. Fortgeschrittenes Erlesen	4. Schrift als integriertes Zeichen- und Deutungssystem	Orthographische Phase 2
6. Automatisierung von Teilprozessen *Automatisiertes Worterkennen und Hypothesenbildung*	7. Automatisierung und Hypothesenbildung	*4.1 Automatisierung des Wörterlesens* *4.2 Koordination von Buchstaben-, Wort- und Textebene*	4. Orthographische Phase 3 Integrativ-automatisierte Phase
aus: Valtin, Renate: Stufen des Lesen- und Schreibenlernens – Schriftspracherwerb als Entwicklungsprozess, in: Haarmann, Dieter (Hrsg.): Handbuch Grundschule Bd. 2, Weinheim und Basel 1993, S. 68 ff.	aus: Scheerer-Neumann, Gerheid: Wortspezifisch: Ja – Wortbild: Nein. Ein letztes Lebewohl an die Wortbildtheorie. Teil 2: Lesen, in: Balhorn, Heiko/Brügelmann, Hans (Hrsg.): Welten der Schrift in der Erfahrung der Kinder, Konstanz 1987, S. 219 ff.	aus: Brügelmann, Hans/Brinkmann, Erika: Stufen des Schriftspracherwerbs und Ansätze zu seiner Förderung, in: Brügelmann, Hans/Richter, Sigrun (Hrsg.): Wie wir recht schreiben lernen, Lengwil 1995, S. 44 ff.	aus: Günther, Klaus B.: Ein Stufenmodell der Entwicklung kindlicher Lese- und Schreibstrategien, in: Brügelmann, Hans (Hrsg.): ABC und Schriftsprache: Rätsel für Kinder, Lehrer und Forscher, Konstanz 1986, S. 32 ff.

der Kinder beim Worterkennen sowie zu Entwicklungsprozessen in der Leseentwicklung miteinander verknüpft.

In diesem Modell lassen sich die verschiedenen Zugriffsweisen der Kinder in dem jeweiligen Entwicklungsstadium aufzeigen sowie auch die Informationsquellen, die sie für das Worterkennen nutzen, und deren Verarbeitung.

Im Mittelpunkt des Modells steht das sogenannte „innere Lexikon", in dem alle bekannten Wörter mit ihren Merkmalen, den visuellen, phonologischen, semantischen, orthographischen, grammatischen, graphomotorischen, emotionalen, gespeichert sind. Dieses innere Lexikon muss für das Dekodieren genutzt werden. Der Leserin/dem Leser stehen für das Entschlüsseln eines Wortes verschiedene Informationsquellen – auf der einen Seite Buchstaben und Buchstabengruppen und auf der anderen Seite der Kontext – zur Verfügung, die sie oder er nutzen kann, aber nicht immer alle nutzen muss und die im Rahmen der Leseentwicklung verschieden genutzt werden. Im Modell werden zwei Wege aufgezeigt, bei denen die Informationsquellen unterschiedlich genutzt werden.

An einer Leseprobe von Sven, Klasse 2[84], soll der **lautorientierte, indirekte Weg**, er wird auch regelgeleiteter Weg genannt, deutlich gemacht werden.

Sven liegen zehn Bilder mit passenden Wortkarten vor. Sven nimmt eine Wortkarte und liest:
1) S-t – e:r:m
2) SS – S-t – e:rm
3) S-t – S-te:n
4) S-t – e:r:n
5) Schtern
(: gedehnter Laut)
Während seiner Leseversuche guckt Sven nicht auf die Bilder, er versucht keine zusätzlichen Informationen aus dem Bildkontext zu entnehmen. Sven erliest das Wort ausschließlich durch Graphem-Phonem-Zuordnung und Synthese, um nach mehreren Anläufen das richtige Wort zu finden. Er nutzt als einzige Informationsquelle die Buchstaben-Laut-Zuordnung, den angebotenen Kontext (die Bilder) nutzt er zum Finden des Sprechwortes nicht. Dieser Weg ist durch gedehntes Sprechen gekennzeichnet und häufig auch durch das Lesen von Nichtwörtern. Bei Sven ist der entscheidende Schritt im Leseprozess, das Erfassen des alphabetischen Prinzips (er weiß, dass Buchstaben Laute repräsentieren) und die Suche nach Sinn vollzogen. Er gibt sich ja nicht mit den Nichtwörtern und den Wortvorformen zufrieden, sondern probiert so lange, bis er das richtige Sprechwort gefunden hat. Jetzt, so ist eine landläufige Meinung, gilt es nur noch durch Üben das Zusammenziehen der Laute zu beschleunigen, damit Sven flüssiger liest. Dieses Vorgehen entspricht nicht dem „interaktiven" Lesemodell. Sven muss stattdessen lernen, von Anfang an den Kontext zum Erlesen der Wörter einzubeziehen. Er muss dazu gezielt Sinnstützen und syntaktische Begrenzungen nutzen lernen sowie größere Einheiten innerhalb des Wortes erfassen. Dies wird durch die Sinnerwartung unterstützt.

Beim **direkten Lesen** wird über die visuellen Merkmale des Wortes, die nicht vollständig erfasst sein müssen, das innere Lexikon direkt angesteuert und das ganze Wort sofort gelesen, wobei vom fortgeschrittenen Leser auch orthographische Strukturen zum Erkennen genutzt werden. Dieser Weg wird auch der lexikalische Weg genannt, da er unmittelbar auf die Bedeutung zielt und den Kontext nutzt. Das Wort wird nicht schrittweise durch Synthese aufgebaut. Dieser Weg ist häufig gekennzeichnet durch Wortersetzungen. Eine Leseprobe von Marco, Klasse 4[85], mag dies verdeutlichen (siehe S. 58).

Marco nutzt vornehmlich den direkten Weg, kommt dabei aber zu vielen Verlesungen, da er seinen Hypothesen freien Lauf lässt und sie nicht genau am Schriftbild überprüft. Er muss lernen, seine Hypothesen mit Hilfe des Schriftbildes und damit des lautorientierten Weges zu überprüfen (siehe dazu die ausführliche Analyse, S. 89 ff.).

Der kompetente fortgeschrittene Leser benutzt gleichzeitig immer beide Wege, wobei zwischen beiden Wegen eine Wechselwirkung besteht. Im Zwei-Wege-Modell ist dies durch die „Abkürzungen" gekennzeichnet.

Im Laufe der Leseentwicklung zeigt sich eine Veränderung der Zugriffe und damit auch der

Die Geschichte vom Floh und dem Affen

1   Einmal hat ein Floh einen Affen am Bauch gezwickt. Da hat der Affe ‖
    (hatte) *(en)(n)*   *(saß)*

2   (sich) mit der Hand auf den Bauch ‖ geklatscht, daß es nur so geknallt
    dem Hund   dem   (ge)-(ge)-(ge)-geklatscht Ⓚ da er nun (ge)-(ge)-geknallt

3   hat.'

Ⓚ
4   Aber der Floh war | ihm schon | längst | auf die Schulter gehüpft. Da hat
    Aber de   immer   auf de   hatte

Ⓚ Korrektur   ◯ Auslassung   ' kurze Unterbrechung
eⓀ erfolglose Korrektur   ( ) geflüstert   im Artikulationsstrom
PW Pseudowort | Pause   : gedehnter Laut
                             ‖ lange Pause   - Segmentierung im Wort

Nutzung der Informationsquellen. *Gerheid Scheerer-Neumann* hat dies in einer Tabelle (siehe S. 59) zusammengefasst, in der typische „Fehler", die für die einzelnen Phasen kennzeichnend sind, aufgezeigt sind.[86]

In der logographemischen Phase, in der Wörter ohne Lautbezug wiedererkannt oder „erraten" werden, geht das Kind den direkten Weg, wobei der Kontext eine große Bedeutung für das Entschlüsseln hat. Im Laufe der alphabetischen Phase, in der das Kind den Buchstaben-Laut-Bezug erfasst, wechselt es zum indirekten Weg. Dabei nimmt die Nutzung des Kontextes stark ab, z. T. bis zur Ausblendung, so dass das Kind nicht mehr bis zur Wortbedeutung vordringt. In der konsequent alphabetischen Phase ist der Buchstabe bis zur Wortvorform das einzig genutzte Hinweissystem. Beim Übergang zum fortgeschrittenen und automatisierten Lesen, um das es im weiterführenden Lesen geht, werden beide Wege kombiniert. Es ist dadurch gekennzeichnet, dass das Kind nach und nach größere Einheiten beim lautorientierten Lesen bildet und dass gleichzeitig der Kontext, besonders zur Hypothesenbildung und auch zur Hypothesenprüfung, genutzt wird.

Bei den Abkürzungen wird schon während der visuellen Analyse und vor der vollständigen Umsetzung in Laute das innere Lexikon angesteuert. Durch den Kontext und die damit vorausgreifende Leseerwartung, die sich auf die Art der Segmentierung der Wörter auswirkt, wird das innere Lexikon aktiviert. Um die Abkürzungen nutzen zu lernen, sind die o. g. vier Zugriffe (Nutzen der Buchstaben-Laut-Ebene, Nutzen von bekannten Wörtern und Wortteilen, Nutzen von syntaktischen Begrenzungen und Nutzen von Sinnstützen) und besonders deren Zusammenspiel notwendig, da keine Zugriffsweise allein zum Leseerfolg führt.

Der kompetente Leser zeichnet sich dadurch aus, dass er alle vier Zugriffsweisen beherrscht, sie miteinander verknüpfen, d. h. zwischen den Zugriffsweisen hin- und herspringen und sie je nach Lesemotiv adäquat anwenden kann. Vor allen Dingen muss sich der Leser aktiv gegenüber dem Text verhalten. Daher müssen alle vier Zugriffsweisen ausgebildet und in ihrem Zusammenspiel in vielfältigen Anwendungssituationen geübt werden.[87]

Typische Lesefehler in den Entwicklungsphasen (Gerheid Scheerer-Neumann)

Lesestrategie(n)	Zugriff direkt	Zugriff regelgel.	Einheit der phonol. Cod.	Einfluss des Kontexts	typische Fehler
1. logographisch mit Kontext	++	−	ganzes Wort	++	Wortersetzungen Raten
2. logographisch ohne Kontext	++	−	ganzes Wort	+	Wortersetzungen Raten
3. logographisch Anfangsbuchstabe lautiert	+	+	Anfangsbuchstabe ganzes Wort	+	Wortersetzungen m. gleichem Anfangsbuchstaben
4. erstes vollständ. Erlesen + logograph. Strategien	+	+	einzelne Buchstaben ganzes Wort	+	Nichtwörter Wortersetzungen
5. Vorrang der alphabetischen Strategie	(+)	+	einzelne Buchstaben	(+)	Nichtwörter
6. Konsequent alphabetische Strategie	−	++	einzelne Buchstaben	−	Nichtwörter
7. Konsequent alphabetisch, größere Einheiten, frühere lexikalische Kontrolle	+	++	einzelne Buchstaben, Buchstabengruppen, Silben	(+)	Nichtwörter Wortersetzungen
8. Verstärkter lexikalischer und Kontexteinfluss, erste Stichwörter	++	++	Buchstabengruppen, Silben	+	grammat. u. semant. passende Wortersetzungen, Nichtwörter

Legende: ++ = Einfluss sehr stark, + = stark, (+) = schwach, − = kein Einfluss

Geht man von den Entwicklungsmodellen zum Lesenlernen aus, dann gilt es beim Übergang zum fortgeschrittenen Lesen besonders, Abkürzungen nutzen zu lernen, d. h. Sinnerwartungen aufzubauen, diese am Schriftbild zu überprüfen sowie größere Einheiten zu erfassen.

Übungen zur Ausgestaltung der Lesestrategien im Kontext

Bevor Übungen im einzelnen vorgestellt werden, gilt es zu klären, in welcher Form und in welchem Zusammenhang solche Übungen für die Kinder zu gestalten sind.

Forschungen zum Schriftspracherwerb haben deutlich gemacht, dass Lesen und Schreiben nicht allein durch schrittweise additiv aufeinander aufbauende Teilfertigkeiten erlernt werden können, sondern dass dies in komplexen Anwendungssituationen, dem „Schrifterwerb durch Schriftgebrauch" geschehen muss.[88]

Problemlösen, und als solches wird das Lesenlernen verstanden, setzt Interesse und Anstrengungsbereitschaft voraus. Dies wiederum bedeutet, dass Kinder die Bedeutung des Lesens besonders in lebensnahen Situationen erfahren sollten und dass eine handelnde Auseinandersetzung angestrebt werden muss, die neben dem konkreten Umgehen mit Lesematerialien besonders durch eine produktive Auseinandersetzung mit dem Gelesenen gegeben ist.[89] Es sind Aufgaben anzubieten, die als sinnvoll, für das einzelne Kind bedeutsam und möglichst als lustvoll erfahren werden und das Nutzen weiterer Informationsquellen herausfordern.

Untersuchungen von *Richard Bamberger* haben ergeben:
„Viele Kinder lesen nicht gut, weil sie keine Bücher lesen.
Sie lesen keine Bücher, weil sie nicht gut lesen können."

Was bedeutet dieses zunächst paradox anmutende Ergebnis? Die Ausgestaltung der Lesestrategien kann und darf nicht losgelöst vom Ansatz „Zum Lesen verlocken" betrachtet werden. Ausgestaltung der Lesestrategien der Kinder heißt zum einen, Lesehilfen anzubieten, zum Lesen notwendige Zugriffsweisen und Fertigkeiten zu vermitteln und zu üben, zum anderen heißt es auch gleichzeitig und vordringlich, Kinder zum Lesen zu motivieren, zum Lesen zu verlocken und sie dabei und dadurch Lesen üben und lernen zu lassen.

Die Frage darf also nicht allein heißen, welche Übungen zur Ausgestaltung der Lesestrategien geeignet sind, sondern sie muss vor allen Dingen auch heißen: Wie können Kinder zum Lesen verlockt werden, und wie lässt sich im Rahmen dieses Ansatzes ihre Lesefertigkeit steigern?

Ausgestaltung der Lesestrategien in Verbindung mit diesem Ansatz bedeutet, dass das Kind erfährt:
- **Lesen ist etwas Aufregendes;**
daher müssen die Übungen spannend gestaltet sein, in einem aufregenden und anregenden Zusammenhang stehen.
- **beim Lesen bin ich mitbeteiligt;**
daher müssen Kinder beim Lesen am Text mitarbeiten und noch Entscheidungen treffen können, sie müssen Proben mitbestehen, etwas entdecken, Aufgaben mitlösen, vorausdenken können.
- **Lesen macht Spaß;**
daher müssen Lesestoffe so ausgewählt oder gestaltet sein, dass Kinder Erfolgserlebnisse haben, dass keine Langeweile, kein Überdruss, aber auch keine Überforderung auftreten.
- **Lesen führt zu eigenem produktiven Tun;**
daher müssen die Leseaufgaben Kinder zum Spielen, Raten, Entdecken, Erfinden, Basteln, Schreiben, Malen anregen.
- **durch Lesen kann ich in neue Welten eintauchen;**
daher müssen die Inhalte so ausgewählt sein, dass Kinder länger verweilen können, Identifikationsmöglichkeiten haben, wirklich in „neue Welten" entführt werden.

Die Forderung, die „Ausgestaltung der Lesestrategien" mit dem Ansatz „Zum Lesen verlocken" zu verbinden, bedeutet, den Kindern kein isoliertes Fertigkeitstraining anzubieten, sondern die Übungen in einen inhaltlichen (Buch-)Kontext einzubinden, bei dem die Kinder selbst aktiv beteiligt sind.

Das Lesebuch „Mobile"[90] hat dazu Ansätze entwickelt. In jedem Schuljahr findet sich am Anfang des Lesebuches ein „Buch im Buch" (es umfasst jeweils 14 Seiten), das die Kinder in fremde Welten entführt und sie aufregende Abenteuer bestehen lässt, an denen sie selbst beteiligt sind. Die Texte sind jeweils so aufgebaut, dass auf einer Einstiegsdoppelseite in die Geschichte eingeführt wird. Jeweils zwei Kinder, ein Junge und ein Mädchen, die als Identifikationsfiguren dienen, haben auf den nächsten Seiten Aufgaben zu erfüllen.

Im Band für das 2. Schuljahr kommen die Kinder ins „Hexenhaus". Die Buchstabenhexe Xaxa hat alle kleinen Buchstaben eingesperrt. Jan und Jule wollen sie befreien, dabei helfen ihnen die zwölf Tiere des Waldes. Die Kinder können nur durch verschiedene Räume zu den kleinen Buchstaben gelangen. In jedem Zimmer sind die Türen verhext. Sie öffnen sich nur, wenn die Kinder die Aufgaben in den Räumen lösen können. Das sind ungewöhnliche Zimmer mit aufregenden Dingen darin, z. B. „Das Rühr-mich-an-Zimmer", „Der Rückwärtsraum", „Das Zwillingszimmer" u. a. Erst wenn sich alle Türen geöffnet haben, sind die Buchstaben frei.

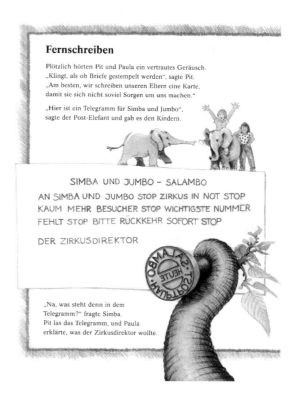

Im Band für das 3. Schuljahr werden Pit und Paula von zwei Elefanten in die „Dschungelstadt Salambo" entführt. Die Elefantenkinder können nicht gut lesen und Pit und Paula sollen ihnen ihre Lesekunst zeigen. Erst wenn sie zehn Aufgaben in Salambo gelöst haben, werden die Elefanten sie nach Hause zurückbringen. Pit und Paula kommen in der Elefantenstadt u. a. zum Einwohnermeldeamt, zur Post und in die Schule, sie lernen die Dschungelzeitung kennen, erfahren etwas über die Musik der Elefanten und treffen mit dem Bürgermeister zusammen.

Im Band für das 4. Schuljahr gehen Tom und Tonja auf Schatzsuche. Sie beobachten schon lange ein altes Segelschiff, auf dessen Segel seltsame Botschaften stehen. Tom und Tonja springen bei der Abfahrt schnell an Bord und gehen mit den Seebären auf große Fahrt, um die „Schatzinsel" zu suchen. Zehn Häfen und zehn Dinge müssen sie finden, so sagt es die alte Schatzkarte von Kapitän Einauge. Jeder der Häfen mit den seltsamen Namen, in denen seltsame Dinge passieren, bringt sie dem Schatz näher, aber nur, wenn sie die Botschaften entziffern.

Die Aufgaben in den Geschichten sind so angelegt, dass sie handelnd auch im Klassenzimmer durchgeführt werden können. Die Identifikation mit den „Helden", die Erfolgserlebnisse beim Bestehen der Proben lassen die Kinder diese „Bücher" auch wiederholt lesen. Sie beweisen sich jedes Mal, wie gut sie schon die Aufgaben lösen können.

Die Aufgaben lassen sich auch leicht von den Kindern oder der Lehrerin/dem Lehrer erweitern. Sie regen zu produktivem Tun an. Dadurch entstehen wieder neue Leseaufgaben. Kinder eines zweiten Schuljahres haben in der Freiarbeit bzw. zusammen mit der Lehrerin Christel Stegmeier (Schwäbisch Gmünd) die hier abgebildeten Zimmer selbst entworfen.

Dieser Grundaufbau lässt sich gut in Lernstationen, in denen es bestimmte Aufgaben auszuwählen und zu bewältigen gilt, weiterführen. Jede Station stellt dann z. B. ein Zimmer von Xaxa, einen Ort aus der Dschungelstadt, einen Hafen für die Schatzsuche dar. Während des Schuljahres kann so erneut ein Gang durch das Hexenhaus, durch Salambo oder von Hafen zu Hafen mit neuen Aufgaben unternommen werden.

Gut lassen sich Leseaufgaben auch in einen Lesezirkel[91] zum Thema Reisen integrieren. *Andrea Steck*[92] hat für den Förderunterricht diese Rahmenidee ausgestaltet und für die Kinder passende Übungsaufgaben zum Lesen eingefügt.[93] Die Kinder können entscheiden, ob sie mit dem Auto, mit dem Flugzeug oder mit dem Zug in den Urlaub fahren wollen. Das Reiseziel kann gemeinsam festgelegt, aber auch alternativ gewählt werden. Je nach Entscheidung erhalten die Kinder ihren Reisegepäckkasten, der sie auf ihrer Reise begleitet. Alle Aufgaben sind dadurch in einen sinnvollen Zusammenhang gebracht und die Kinder zum Lösen der Aufgaben motiviert. Die Beispielkarten von *Andrea Steck* zeigen die Einbettung der Aufgaben.

Es gilt also, die im Folgenden vorgestellten Übungen zu den einzelnen Lesestrategien nicht isoliert anzubieten, sondern sie in Kontexte einzubinden. Auswahl und Variation der Übungen sind je nach Leseschwierigkeiten der Kinder (vgl. dazu S. 88 ff, Leseanalyse) zu bestimmen.

Übungsbereiche zur Ausgestaltung der Lesestrategien

Neben der übergreifenden Aufgabe, Lesemotivation zu schaffen und zu erhalten, gilt es Übungen auf den verschiedenen Ebenen anzubieten.

Im Folgenden werden exemplarisch vorgestellt:
Übungen zur Nutzung von Sinnstützen und syntaktischen Begrenzungen,
Übungen zum Aufbau einer Sinnerwartung und zur Hypothesenüberprüfung,
Übungen zum Gliedern von Sätzen in größere Einheiten,
Übungen zum Überprüfen von Hypothesen auf der Buchstabenebene,
Übungen zur Nutzung von bekannten Wörtern und Wortteilen.
Dabei umfassen die Übungen meist die Anwendung mehrerer Zugriffsweisen. Sie werden nach der schwerpunktmäßig verwendeten Zugriffsweise geordnet.

Übungsbereiche zur Steigerung der Lesefertigkeit

1. Buchstabenebene
   Nutzung von Buchstaben-Laut-Beziehungen
   a) Laute und Buchstaben identifizieren und diskriminieren
   b) Graphem-Phonem-Beziehungen festigen
   c) Wörter synthetisieren
   d) Hypothesen überprüfen, Druckfehler finden

2. Wortebene
   Nutzung von bekannten Wörtern und Wortteilen
   a) Wörter strukturieren
      (Zusammensetzungen, Ableitungen, Präfigierungen, Signalgruppen, Silben, Morpheme)
   b) Wörter ganzheitlich erfassen
   c) Wortgrenzen erfassen
   d) Vom grafischen Normtypus abstrahieren
      (Größe, Lage, Type, Richtung)

3. Satzebene
   Nutzung von syntaktischen und semantischen Begrenzungen
   a) Die Blickspannweite vergrößern
   b) Zeilen nach Sinneinheiten gliedern
   c) Satzgrenzen einhalten
      (Satzzeichen nutzen)
   d) Sätze sinnbetont lesen
      (Pausen, Betonung, Satzmelodie)
   e) Zeilensprung üben
   f) Hypothesen bilden
      (syntaktisch/semantisch)

4. Textebene
   Nutzung von Sinnstützen
   a) Textaufbau erkennen
   b) Informationen entnehmen/überprüfen
   c) Antizipierendes Lesen
      (Überschrift, abgebrochener Text, Illustration, Schlüsselbegriffe)

Übungen zur Nutzung von Sinnstützen und syntaktischen Begrenzungen

Die Nutzung von Sinnstützen und syntaktischen Begrenzungen hängt zum einen von den individuellen sprachlichen Fähigkeiten des Kindes und von seinem allgemeinen Erfahrungshorizont ab, zum anderen von der Inhalts- und Satzstruktur, die je nach Kontext weniger oder mehr eingeschränkt ist und so das innere Lexikon unterschiedlich voraktiviert. Die Untersuchungen von *Peter May* haben bei Leseanfängern eine geringere Nutzung des syntaktischen Kontextes als des semantischen gezeigt. Auf diese Zugriffsweise müssen Kinder erst aufmerksam gemacht werden. Dies lässt sich gut durch Entscheidungsaufgaben herausfordern, bei denen beide einzufügenden Wörter semantisch stimmig sind, aber nur eines von beiden auch syntaktisch passt.

Übungen zum Aufbau einer Sinnerwartung und zur Hypothesenprüfung

Um Kinder wie Sven (siehe S. 57), die als einzige Lesestrategie den ausführlichen, lautorientierten Weg nutzen, also buchstabenweise ohne Kontextnutzung, mit Wortvorform und anschließender Sinnentnahme lesen, zu einem flüssigeren, ökonomischen Lesen zu führen, ist es wichtig, beim Lesen bewusst Sinnerwartungen aufzubauen.

• Semantische Beziehungen zwischen Wörtern nutzen lernen

In einem Text über Hunde sind die Wörter „bellen" oder „Pudel" wahrscheinlicher als „wiehern" und „Pullover", daher können die erstgenannten Beispielwörter leichter in diesem Zusammenhang erlesen werden als die letztgenannten. Es reicht „ell", um auf „bellen" zu schließen, da dieses Wort durch „Hund" schon voraktiviert ist. Mit Hilfe von Klammerkarten[94] (s. u.) können die Kinder selbstständig üben, Sinnerwartungen bewusst aufzubauen.

Auch Übungen zu Kuckuckseiern fordern, semantische Bezüge zwischen Wörtern herzustellen, z. B. in Reihen wie „Hose, Rock, Milch, Pullover" oder „Gabel, Löffel, Teller, Computer".

Schreibt man die Wörter auf Kärtchen (jede Gruppe mit einer anderen Farbe), können die Kuckuckseier handelnd aus Körbchen herausgeholt oder hineingeschmuggelt werden.

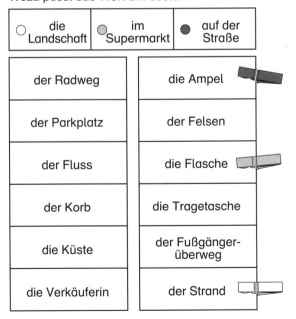

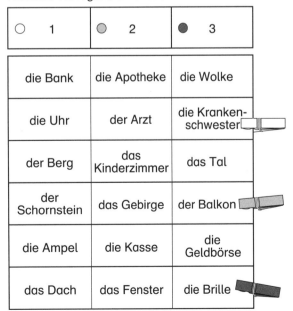

- **Bildhilfen im laufenden Text**

Durch Texte, die wie im Beispiel des Geschichten-Zimmers aufbereitet sind[95], wird das Kind zur vorausplanenden Sinnerwartung geführt.

Das Geschichten-Zimmer

In diesem Zimmer steht eine bekannte Geschichte an der Wand.

Der Frosch flüstert: „Lest die Geschichte. Wenn ihr den Namen des Reiters sagen könnt, öffnet sich die Türe."

Der Satzkontext steuert dabei die Erwartung. „Es ist ..." lässt syntaktisch „Abend", „Nacht", „dunkel" zu, nicht aber „Mond" und „Sterne", auch wenn diese auf dem Bild zu sehen sind.

Der Text wird an die Tafel oder auf ein Plakat geschrieben und die Bilder werden auf Einzelkarten eingefügt. In einem ersten Schritt schlagen die Kinder Wörter für die Bilder vor. In einem zweiten Schritt wird durch Umdrehen oder durch Abnehmen der Karten das Wort des Originaltextes sichtbar. Die Bildkarten können auch mit den Kindern gemeinsam auf der Rückseite beschriftet werden. Es gilt die Hypothesen am Original zu überprüfen. In einem dritten Schritt wird der Text ausschließlich mit den Wortkarten gelesen. Nach solchen Vorübungen können die Karten entfernt werden. Nun schult sich das Kind nochmals gezielt in der vorausgreifenden Sinnerwartung. Das Einfügen der Wortkarten kann immer wieder handelnd erprobt werden.

Für das Einzel- oder Partnerlesen zur Schulung der vorausgreifenden Sinnerwartung bietet sich die Kinderbuchreihe „Der Buchstabenbär. Lesenlernen mit Bildern" der Edition Bücherbär (Arena Verlag) an. Der Wortspeicher jeweils am Ende eines Buches, der nach der Reihenfolge im laufenden Text geordnet ist, dient als Kontrolle. Gleichzeitig reizt er die Kinder auch zum Lesen der Wörter, die mit der Bildhilfe leichter strukturiert werden können. Zusätzlich können für einzelne Kinder mit Bleistift durch Striche oder Silbenbögen Strukturierungshilfen gegeben werden. Ein Überprüfen der Sinnerwartung ist gegeben, da z. T. mehrere Wörter zum Bild passen können, z. B. Lampions oder Laternen; Apfelsinen, Mandarinen oder Orangen; Stadt oder Dorf oder Häuser; Möhren, Mohrrüben, Karotten, Wurzeln oder gelbe Rüben.

Der heilige Nikolaus

Die Tür geht auf,
und herein schreitet
der heilige Nikolaus.
Er hat einen roten Mantel
an und eine Mütze auf.
In der einen Hand
trägt er einen Stab
und in der anderen
ein dickes Buch.

Böbingen, den 4.12.

Der heilige Nikolaus
Die 🚪 geht auf,
und herein schreitet der
heilige 🎅. Er hat einen roten
🧥 an und eine 🎩 auf.
In der einen ✋ trägt er
einen 🦯 und in der anderen
ein dickes 📕.

Die Kinder können auch selbst solche Texte herstellen (siehe S. 66 unten). Dazu kann man ihnen geeignete Texte vorgeben und die zu ersetzenden Wörter unterstreichen. Für Partnerarbeit ist es günstig, zwei Kindern verschiedene Texte zum gleichen Thema zu geben. Die Bildtexte werden anschließend ausgetauscht und gegenseitig vorgelesen.

• **Verzögerte Wortvorgabe in Texten**
Die verzögerte Vorgabe von Wörtern erfordert eine bewusste, vorausgreifende Sinnerwartung. Durch die anschließende Vorgabe ist eine direkte Überprüfung der Hypothese gegeben. Hierzu werden Texte auf Karten geschrieben oder aufgeklebt und einzelne Wörter oder Wortteile mit dem Federmesser so herausgeschnitten, dass

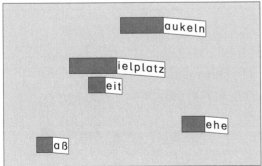

sie umgeklappt werden können. Im Unterschied zu den oben beschriebenen Bildhilfen, die jeweils ein Nomen ersetzen, können bei diesem Material Wörter aller Wortarten verzögert vorgegeben werden. Wenn nur Wortteile erschlossen werden sollen, kann der Anlaut, die erste Konsonantengruppe oder die erste Silbe stehen bleiben. Bei der Vorgabe des Anlautes müssen mehrgliedrige Grapheme immer zusammengelassen werden.

Eine Variation zu dieser Übung stellen „Klipp-Klapp"-Karten dar, bei denen das zu erschließende Wort jeweils am Ende der Zeile stehen muss.

Ein Material für eine vielfältige Art der Vorgabe sind „Bücher am laufenden Band". Sie regen zu wiederholtem Lesen an. Dabei werden die Textteile auf schmale Karten geschrieben, und zwar auf die Vorderseite mit Lücke, auf die Rückseite vollständig. Die Karten werden durch ein Band miteinander verbunden (s. u.), sodass durch Umblättern das Lösungswort auf der Rückseite sichtbar wird. Für diese Bücher können gut auch kurze Texte von Kindern verwendet werden, die damit eine besondere Wertschätzung erfahren.

Es bieten sich folgende Differenzierungsformen an:
- Der Anlaut wird vorgegeben, auf der Rückseite wird der gesamte Textteil wiederholt, mit oder ohne Bildunterstützung (siehe Kopiervorlage, S. 68). Die Wiederholung des gesamten Textteiles zeigt den Kindern ein Verfahren, das sie zur Sinnerfassung, besonders wenn sie noch langsam lesen, anwenden können. Der schrittweise erlesene Teil

Am laufenden Band 1

Vorderseite | Rückseite

Martin sieht ein K	Martin sieht ein Kamel.
Er will auf dem Kamel r	Er will auf dem Kamel reiten.
Aber das Kamel ist so h	Aber das Kamel ist so hoch.
Martin streichelt das Kamel am B	Martin streichelt das Kamel am Bein.
Da kniet es sich hin und Martin setzt sich zwischen die zwei H	Da kniet es sich hin und Martin setzt sich zwischen die zwei Höcker.

Am laufenden Band 2

Der Affe  erzählt von Bianca	Ich war einmal im Z . . .	Vorderseite
	Zoo.	falten / Rückseite
Da war ich bei den A . . .	Auf dem Berg war ein Affenb . . .	
Affen.	Affenbaby.	
Es hat mit einer Schüssel ge . . .	Es nahm die Sch . . .	
gespielt.	Schüssel	
und setzte sich hin . . .	Nun rutschte es den Berg hin . . .	
hinein.	hinunter.	

wird dadurch sinngemäß zusammengefasst und im Zwischenspeicher verankert.
- Der Anlaut wird vorgegeben, auf der Rückseite nur das fehlende Wort (siehe Kopiervorlage, S. 69).
- Wortruinen werden vorgegeben. Das verhindert das buchstabenweise Lesen und lässt Kinder auffällige Wortteile nutzen.

Mein Hase
erzählt von Martin

(Vorderseite)
Mein H_s_ heißt Hoppel.
Er hüpft gerne im Gr_s.
Ich gebe ihm F_tter.
Hoppel hat ein weiches F_ll.
Ich str__ch__ ihn oft.
Das mag er sehr g_rn.

(Rückseite)
Mein **Hase** heißt Hoppel.
Er hüpft gerne im **Gras**.
Ich gebe ihm **Futter**.
Hoppel hat ein weiches **Fell**.
Ich **streichle** ihn oft.
Das mag er sehr **gern**.

- Um das Erfassen von Signalgruppen zu üben, können sie ohne die angrenzenden Buchstaben vorgegeben werden. Dazu sollten dann aber Bildhilfen, die den Zusammenhang klären, angeboten werden, oder mit dem Text wird auf schon bekannte Inhalte oder Handlungen aus dem Unterricht zurückgegriffen. Hier ist ein Beispiel, das sich auf eine Übung im Sportunterricht bezieht:

(Vorderseite)
Wir sind in der Turn_all_.
Jedes Kind hat einen _all.
An der Wand sind
kleine Kästen aufge__ell_.
Wir _ock__ uns auf den Boden.
Jeder _oll_ den _all
zu seinem Kasten.
Wer hat ge__off__?
Ob jeder es ___aff_,
dreimal zu __eff__?

(Rückseite)
Wir sind in der Turnhalle.
Jedes Kind hat einen Ball.
An der Wand sind
kleine Kästen aufgestellt.
Wir hocken uns auf den Boden.
Jeder rollt den Ball
zu seinem Kasten.
Wer hat getroffen?
Ob jeder es schafft,
dreimal zu treffen?

- Für die Wörter wird keine weitere Vorgabe gegeben. Die Kinder müssen das Wort semantisch und syntaktisch aus dem Satzzusammenhang erschließen. Dabei können sowohl engere Vorgaben als auch bewusst offene Vorgaben, die stärker zur Hypothesenüberprüfung anregen, verwendet werden.

(Vorderseite)
Schreibst du gerne _____?
Sandra isst gerne _____.
Du malst ein _____.
Tim hat Angst vor _____.

(Rückseite)
Briefe?
Schokolade.
Haus.
Mäusen.

Eine einfachere Variante dieser Übungsform sind Klapptexte. Dazu wird ein A4-Blatt quer gefaltet. Auf die eine Seite wird der Text vollständig geschrieben, auf die andere mit Lückenwörtern, die z. B. nur die Signalgruppe enthalten. Die Kinder können entscheiden, ob sie sich gleich am „Rätseltext" versuchen wollen oder vorher den vollständigen Text lesen möchten. Durch Umklappen können die Kinder sich selbst überprüfen.

- **Bild-Text-Zuordnungen**

Der Einsatz von Bildern zum Text, die vor dem Lesen bewusst betrachtet und auch versprachlicht werden, helfen Sinnerwartungen schon beim Erlesen aufzubauen und auch gezielt Sinn zu erschließen. Folgende Differenzierungsschritte bieten sich zur Vorbereitung der Lektüre eines Büchleins[96] an:

1. Bild und Text stehen auf einer Seite.

Der Uhu sitzt auf einem Baum,
ist aufgewacht aus seinem Traum.

2. Bild und Text (leichte Fassung) stehen auf getrennten Karten und müssen zugeordnet werden. Auch in der Anzahl der Karten kann differenziert werden.

3. Bild und Text (schwierige Fassung) müssen von getrennten Karten zugeordnet werden.

Frau Maulwurf liest bei Kerzenlicht,
Herr Maulwurf schläft – es stört ihn nicht.

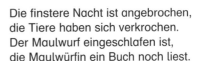

Die finstere Nacht ist angebrochen,
die Tiere haben sich verkrochen.
Der Maulwurf eingeschlafen ist,
die Maulwürfin ein Buch noch liest.

4. Originalbüchlein, in dem der Text in kleinerem Schriftgrad und ungünstiger Zeilenanordnung abgedruckt ist.

Eine Variation stellen Text-Bild-Dominos dar (siehe Kopiervorlage, S. 72). Eine Fundgrube für das Erstellen solcher Übungen sind Kinderzeitschriften wie „spielen und lernen", „Mücki", „Mücke" und „Flohkiste".

Anlegespiel

Beginn

Didi Feldmaus hat
einen riesigen Apfel entdeckt.
Er zeigt ihn Manuel.
Es ist der einzige Apfel,
der auf dem Baum wuchs.

Die zwei Mäuseriche wollen
den Apfel nach Hause tragen.
Als sie ihn hochheben,
merken sie, dass der Apfel
ganz leicht ist.
Seltsam.

Aha! Ein Wurm wohnt darin!
Er hat den Apfel
ganz ausgehöhlt.
Bald wird er ihn vollkommen
aufgegessen haben.

Manuel hat eine Idee.
Er nimmt ein Messer
und schneidet den oberen Teil
des Apfels weg.

Dann tragen die Mäuseriche
den Apfel samt dem Wurm
vorsichtig zum Fluss hinunter
und schieben ihn ins Wasser.

Sie rudern über den Fluss.
Am anderen Ufer
wachsen nämlich
viele schöne Apfelbäume.
Der Wurm ist begeistert.

Ende

Zeichnungen und Text:
Erwin Moser, in: Mücke 10/1986
Universum Verlagsanstalt GmbH KG,
Wiesbaden

1	2	3
Drei Hunde ruhen sich aus.	Drei Hunde schauen über das Tor.	Der Hund schaut aus dem blauen Tor.

1	2	3
Drei kleine Hunde sind nach dem Spielen müde. Sie ruhen sich im Garten aus. Einer liegt im Korb.	Drei kleine Hunde schauen nach, wer kommt. Sie legen ihre Pfoten auf das Holztor.	Der Hund schaut aus dem blauen Tor heraus. Er sieht traurig aus.

Bei Kindern wie Marco (siehe S. 57 f.) besteht bei solchen Aufgaben die Gefahr, dass sie sich spontan von einem Schlüsselwort bei der Zuordnung leiten lassen und nicht lernen, ihre Hypothesen zu überprüfen. *Claudia Crämer* hat zu Tierabbildungen eine Aufgabe entwickelt, die differenzierte Sinnerfassung und damit genaues Lesen und Überprüfen der Hypothesen herausfordert. Basismaterial ist ein Minikalender mit Tierbildern zu einem Tier. Die Kinder verfassen Texte zu den Bildern und schreiben oder stempeln sie auf Karten. So nehmen die Texte den Wortschatz und Satzbau der Kinder auf und helfen spracharmen Kindern bei der Sinnerschließung. Zur Differenzierung können von der Lehrerin/vom Lehrer schwierigere Texte geschrieben werden.

Da es nun viele Abbildungen mit einem kleinen Hund gibt, mehrere Hunde, die schauen usw., muss sehr genau gelesen werden. Eine Möglichkeit zur Selbstkontrolle ist durch die passende Zahl auf der Rückseite des Bildes gegeben. Dem farbigen Material liegen die Tierbilder zusätzlich als Kopie bei. Die Kinder können sich daraus ein eigenes Hundebuch herstellen.

Dazu können sie neue Texte oder die vorgegebenen Texte übernehmen, wobei Anfang des zweiten Schuljahres das Übertragen von Druck- in Schreibschrift geübt wird.

Solche Übungen lassen sich auch gut zu Klassenfotos oder zu Bildern mit verschiedenartigen Menschen herstellen (siehe Kopiervorlage, S. 74).

Übungen zum Gliedern von Sätzen in größere Einheiten
Mit Hilfe von syntaktischen Erwartungen gilt es, Kinder vom wortweisen zum wortgruppenweisen Lesen zu führen. Dies lässt sich gut mit Legekarten, dem Satzschieber oder mit Klappkarten in Verbindung mit Fragen zur Weiterführung des Satzes anbahnen (Beispiele siehe S. 75). Gleichzeitig lernen die Kinder dabei, Satzglieder zu erfassen.

Am besten arbeiten zwei Kinder zusammen: das eine stellt die Fragen, das andere legt, schiebt oder klappt Sätze. Es übt dabei, die einzelnen Satzglieder als Gruppe zu erfassen und zu lesen.

Wer ist das?

- hat eine Brille
- hat lange Haare
- trägt eine Krawatte

- hat einen Mantel an
- hat einen Pelzkragen
- hat eine Weste an

- hat einen Hut auf
- hat eine Jacke an
- trägt einen Ohrring

- hat eine Bluse an
- hat einen Schnurrbart
- hat einen Pulli an

Aus: Portmann, Rosemarie (Hrsg.): Mut tut gut, Arena, Würzburg 1991; Grafik: Dagmar Geisler

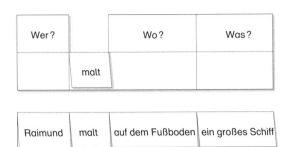

Übungen zum Überprüfen von Hypothesen auf der Buchstabenebene

Beim fortgeschrittenen, automatisierten und Hypothesen bildenden Lesen erhält die Zugriffsweise auf der Buchstabenebene eine andere Ausrichtung. Sie wird jetzt weniger konsequent zum Erlesen von Wörtern genutzt, sondern stärker zur Hypothesenüberprüfung. Dazu müssen den Kindern gezielt Übungen angeboten werden. Um das Überprüfen von Hypothesen auf der Buchstabenebene zu üben, ist die Gegenüberstellung ähnlicher Wörter hilfreich, bei denen durch den Kontext eine Sinnerwartung gegeben ist.

Bei der folgenden Übung für den Beginn des zweiten Schuljahrs ist durch die Abbildung eine Sinnerwartung gegeben (siehe Kopiervorlage, S. 76). Das Kind muss aber das Wort genau durchgliedern, um die Karte richtig zuordnen zu können.

Das Spiel „Wer bekommt das Bild?" von *Petra Hüttis*[97], das alleine oder in Dreiergruppen gespielt werden kann, fordert zum genauen Überprüfen der Sinnerwartung heraus. Das Spiel besteht aus einer Bildkarte mit einem Erkennungssymbol und jeweils drei Wortkarten, die das passende und zwei ähnliche Wörter und auf der Rückseite das Symbol der Bildkarte tragen. Die Bildkarten liegen auf einem Stapel, die Wortkarten verdeckt auf dem Tisch. Ein Kind deckt eine Bildkarte auf. Jeder Mitspieler nimmt sich nun eine passende Karte mit dem Symbol. Das Kind, das die richtige Karte hat, darf sie behalten. Da jedes Kind die richtige Karte haben möchte, überprüft es bei sich und auch bei den anderen genau die Buchstabenfolge. Das Spiel lässt sich im Schwierigkeitsgrad differenzieren:

1. Nur die Anlaute sind gleich.
    Pinsel   Papier   Puppe

2. Die Wörter sind bis auf einen Buchstaben gleich.
    Seife   Seile   Seite

3. Konsonantenhäufungen
    Schwanz   Schwan   Schwamm

4. Zusammengesetzte Wörter
    Regenhut   Regenschirm   Regenhaut

Solche Übungen lassen sich auch mit Sätzen durchführen. Dazu bieten die farbigen, wenn auch etwas altertümlichen Bildtafeln der Werschenberger Sprachfibel[98], die es gegen eine sehr geringe Schutzgebühr zu beziehen gibt, ein preisgünstiges Basismaterial. Es besteht aus vier Mappen mit je 40 Bildtafeln oder Situationsbildern im Format DIN A4. Die Karten dienten ursprünglich dazu, schwierige Buchstaben oder Konsonantengruppen, nach denen sie aufgebaut sind, zu festigen. Zu dem Bild zur Konsonantengruppe *Str/str* bieten sich folgende Satzpaare an, die sich jeweils nur in einem Wort unterscheiden (siehe Kopiervorlage, S. 77). Die Kinder müssen den jeweils passenden Satz zuordnen. Dazu können die Sätze in Streifen zerschnitten werden. Die richtigen Sätze werden auf der Rückseite mit einem Smily gekennzeichnet.

Puzzle

Was stimmt?

Aus: Werschensteiner Sprachfibel, AWOS, Oldenburg

Die Frau sitzt auf der Bank und strickt einen Strumpf.
Die Frau sitzt auf der Bank und stickt einen Strumpf.

Das Kind pflückt einen bunten Blumenstrauch.
Das Kind pflückt einen bunten Blumenstrauß.

Der Mann streift die Wand mit Farbe an.
Der Mann streicht die Wand mit Farbe an.

Der Mann auf der Bank zündet ein Streichholz an.
Der Mann auf der Bank zündet ein Streitholz an.

Das Mädchen streift vorsichtig den Hund.
Das Mädchen streichelt vorsichtig den Hund.

Der Junge auf der Bank trinkt mit einem Strohhalm.
Der Junge auf der Bank trinkt mit einem Stromhalm.

Auch das Spiel „Der Druckfehlerteufel geht um" übt das Korrekturlesen. Wichtig ist dabei, Druckfehler einzubauen, die allein durch Buchstaben-Laut-Zuordnung zu finden sind (Taum statt Traum, Eisenhahn statt Eisenbahn) und nicht allein durch Rechtschreibwissen (Walt, konte, Ban). Die Texte dazu werden mit Folie überzogen und können von den Kindern mit einem wasserlöslichen Folienstift wiederholt bearbeitet werden. Dazu wird eine Kontrollkarte angeboten.

Übungen zur Nutzung von bekannten Wörtern und Wortteilen
Die richtige Wortsegmentierung und das direkte Lesen von häufigen kurzen Wörtern sind entscheidende Schritte zum fortgeschrittenen und automatisierten Lesen. Das buchstabenweise Lesen ist ein sehr mühsamer Weg, der zum Erlesen der Wörter viel Zeit in Anspruch nimmt. Durch das Segmentieren in größere Einheiten als Einzelbuchstaben sind die Verarbeitungszeiten kürzer. Das Kurzzeitgedächtnis kann nach empirischen Untersuchungen von *Miller* nur etwa sieben Einheiten gleichzeitig speichern.[99] An längeren Wörtern, die sukzessive buchstabenweise erlesen werden, scheitern daher viele Leser, da die ersten Graphem-Phonem-Verbindungen bereits vergessen sind, wenn das Auge am Ende des Wortes angekommen ist. Eine Segmentierung in größere Einheiten führt weniger zu Wortvorformen und eher zur Wortbedeutung und zum richtigen Sprechwort, da z. B. analoge Gruppen (nett wie Bett) gebildet werden können, womit das innere Lexikon voraktiviert wird und die Suche nach möglichen Wörtern eingeschränkt ist.

Das Wort selbst, und darin liegt zunächst beim Lesen das Problem, gibt keine bestimmte Segmentierung vor. Ungünstige Segmentierungen können sogar in die Irre führen. Das soll an einem Beispiel verdeutlicht werden.

„Hoffenstern" - dieses Wort wird im ersten Anflug wahrscheinlich „Hoffen-stern" gelesen. Dabei werden bekannte Wörter (hoffen, Stern) und die Signalgruppe „off" genutzt. Es könnte ein Eigenname sein. Erst der Kontext lässt das Wort anders segmentieren: „Es war eine Pause eingetreten und von den Hoffenstern drang Galilas Stimme zur Männerrunde hinunter."[100]

Für die Segmentierung eines Wortes stehen als sinnvolle Möglichkeiten Silben (Silbenanfang und Silbenreim), Morpheme und Signalgruppen zur Verfügung. Welche Art der Segmentierung besonders hilfreich ist, ist umstritten und hängt von der Wortstruktur und vom Lesekontext ab.[101] Für schwache Leser wird besonders von Sonderpädagogen die Silbe vorgeschlagen[102]; von anderen wird von Anfang an ein flexibler Umgang mit den verschiedenen Strukturierungsmöglichkeiten gefordert und darauf hingewiesen, dass Kinder ihre individuellen Segmentierungspraktiken entwickeln und durch Vorgabe einer bestimmten Strukturierung eher verwirrt werden können.[103]

Die Silbe hat den Vorteil, dass sie mit der Sprechsprache übereinstimmt. Sie ist aber problematisch bei Wörtern mit kurzem Vokal, da beim Silbensprechen der Vokal der ersten Silbe von den Kindern lang gesprochen wird, z. B. Mu:t-ter, Hü:t-te. Für diese Wörter ist eine Gliederung nach Signalgruppen besser geeignet.

Auch bei der differenzierten Wortbildung im Deutschen kann die Silbengliederung leicht zu falschen Segmentierungen führen. Wörter wie „betragen" müssten dann „bet-ra-gen", „getrunken" „get-run-ken" gelesen werden. Zur schnellen Bedeutungserschließung ist dagegen das Erkennen der Stammmorpheme günstig, für ökonomisches Lesen das Erfassen von Flexionsmorphemen. Einig sind sich alle darin, dass für einen kompetenten Leser die Vielfalt der Zugriffsweisen im Bereich der Wortsegmentierung notwendig ist. Das Kind sollte daher im Unterricht verschiedene effektive Segmentierungen kennen lernen und mit ihnen umgehen üben.

- **Übungen zum Erfassen von Buchstabengruppen**
Beim Übergang vom buchstabenweisen Lesen zum buchstabengruppenweisen Lesen ist es wichtig, dass die Kinder mehrgliedrige Grapheme sicher als Gruppe erfassen und vom Einzelgraphem unterscheiden können.

Zu Beginn des zweiten Schuljahres eignen sich Abc-Texte[104] und Schnellsprechverse für solche Kinder, die noch unsicher bei bestimmten Buchstaben bzw. Buchstabengruppen sind. Die Texte können in einem Kasten mit Abc-Register zur Verfügung stehen; dabei sollten Au, Ei, Eu, Sch, St, Sp, Pf eine eigene Gruppe bilden. Zur Unterstützung ist es hilfreich, wenn auf der Karte das Merkwort oder mehrere Merkwörter der Anlauttabelle aus dem ersten Schuljahr neben dem Buchstaben bzw. der Buchstabengruppe abgebildet sind:

Beim Zurückordnen der Karten üben die Kinder gleichzeitig das Abc. Viele Kinder legen sich auch, ausgehend von einer solchen Kartei, selbst ein Abc-Buch an und ergänzen z. T. auch die Kartei um eigene oder gemeinsame Verse.

Schnellsprechverse, die die jeweilige Buchstabengruppe mehrmals wiederholen, bieten ein gutes sprachspielerisches Übungsmaterial. Sie haben ihren Reiz darin, möglichst schnell, aber ohne zu „stolpern", gesprochen zu werden. Beim Üben orientiert sich das Kind immer wieder am Schriftbild und prägt sich so die Buchstabengruppe besonders ein.

Bei den Übungen mit „Stolpersteinen"[95] ist es wichtig, dass das Kind selbst Entscheidungen treffen kann. Zum Vortragen gilt es nur *einen* Stolperstein auszuwählen, wozu zunächst alle Verse einmal gelesen werden müssen, da sonst keine Auswahl möglich ist.

Die Kinder können anschließend in Kleingruppen selbst Stolpersteine für ein Stolpersteinzimmer entwerfen. Dazu können bestimmte Buchstaben oder Buchstabengruppen vorgegeben oder ausgelost werden. Zunächst sammeln die Kinder frei oder mit Hilfe des Wörterbuches oder einer Wörterliste Wörter mit den entsprechenden Buchstaben und stellen dann daraus Stolpersteine zusammen. Diese Schnellsprechverse können von einzelnen Kindern in der

Zimmer mit Stolpersteinen

Freiarbeit auf dem Computer geschrieben und anschließend auf Steine geklebt werden.

Das Klassenzimmer wird nun ein Zimmer mit Stolpersteinen. Die Kinder gehen umher, wählen einen Vers aus und versuchen ihn ohne zu stolpern zu lesen. Zum Schluss sucht sich jedes Kind seinen Lieblingsstolperstein aus, der für ein gemeinsames Buch aufgeschrieben oder gedruckt und illustriert wird.

Nachdem mehrgliedrige Grapheme in Schnellsprechversen u. Ä. nochmals gefestigt wurden, werden sie anschließend gemischt mit dem entsprechenden Einzelgraphem in Texten angeboten. Kinder eines zweiten und dritten Schuljahres haben ausgehend vom Abc-Text „Familie Nolte"[105] folgende Verse in Zusammenarbeit mit ihrem Lehrer geschrieben:

Familie Nolte
Wolfgang Menzel

Das ist Familie Nolte,
die gern ein Nilpferd wollte.
Nun sitzt das Nilpferd in der Wanne.
Nicole gab ihm den Namen Nanne.
Was Nanne frisst? – Man müsst' es wissen!
Das Nilpferd macht sich nichts aus Nüssen.
Auf Nudeln – keinen Appetit.
Und Nugat? – Nanne niest: „Igitt!"
Das Nilpferd hat am liebsten viel,
ganz viel, viel Wasser aus dem Nil.
Doch das gibt es hier nirgendwo.
– Drum bringt Nicole es in den Zoo.

Familie Petersen

Die Petersens aus Petershausen,
die hatten ein **Pf**erd im Garten draußen.
Das **Pf**erd, das trabte hin und her,
ja das gefiel ihm sehr.
Das **Pf**erd lief täglich viele Meter,
denn das **Pf**erd heißt Peter.
Der **Pf**laumensaft schmeckt ihm sehr gut,
das gibt ihm Kraft und Mut.
Der **Pf**annkuchen schmeckt lecker,
dadurch wurde er viel kecker.
Er wollte nach den **Pf**laumen greifen,
deshalb musste er ganz laut **pf**eifen.
Paulinchen wollte Peter fangen,
aber er ist schnell weggegangen.

Familie Salomo

Das ist Familie Salomo,
die lebt in London, in Soho,
sie schafften sich 'ne **Sch**lange an,
die ist so lang wie zwei, drei Mann.
Suleika heißt das gute Tier
und trinkt am liebsten Süßmilchbier.
Sie fragte beinah jeden Tag,
ob's noch was gibt, was sie gern mag:
Spaghetti, **Sp**ätzle und Salat
zum Nachtisch gibt's 'nen Pott **Sp**inat.
Skateboard-Slalom war ihr **Sp**ort,
Schwimmen, Salto fort und fort.
Mama Sieglinde ist sehr froh,
sie muss jetzt nie mehr in den Zoo.
Suleika ist ja stets zu Haus,
und die Geschichte ist drum aus.[106]

Diese von Kindern gemeinsam mit ihrem Lehrer erstellten Texte können auch als Anwendungstexte genutzt werden. Werden die Texte auf Karton aufgeklebt und foliert, können die Kinder zunächst die Buchstabengruppen Pf, Sch und Sp farbig hervorheben. Sobald sie sich relativ sicher mit dem Text fühlen, werden die Markierungen weggewischt und der Text wird ohne diese Hilfen gelesen.

Handlungsorientiert lassen sich auf der Grundlage der Werschenberger Bildtafeln (siehe Anmerkung 98) Wörter oder Sätze zu bestimmten Buchstabenkombinationen wie Str, Spr, Pf, Pfl, Fl, Kl, Bl, Br usw. üben. Das Blatt zum Buchstaben Qu, der häufig Leseprobleme schafft, weil er selten vorkommt, lässt sich folgendermaßen aufbereiten:

Zu den Bildelementen werden Wortkarten geschrieben, zu den Situationen Satzkarten. In der ersten Runde gehen zwei oder drei Kinder auf dem Bild auf Entdeckungsreise und ordnen danach zunächst die Wortkarten zu. In der zweiten Runde oder auch als Differenzierungsaufgabe werden die Sätze zugeordnet. Zur Selbstkontrolle werden die entsprechenden Stellen im Bild mit Klebepunkten und einem Lösungsbuchstaben gekennzeichnet. Die Kinder lesen die Sätze und notieren der Reihe nach die Lösungsbuchstaben.[107] (Lösungswort: Quatschkopf)

1) Armin sitzt bequem auf dem Heuhaufen.
2) Die Kinder haben Kaulquappen gefangen.
3) Drei Kinder spielen Quartett.
4) Die Decke ist quergestreift.
5) Martin holt sich ein Stück Quarkkuchen.
6) Die Kinder klettern bis zur Quelle.
7) Der Traktor überquert die Straße.
8) Zwei Leute sitzen auf der Bank
   und quasseln und quasseln.
9) Sandra hat es sich auf der Brücke
   bequem gemacht.
10) Alle drei Kinder haben schon
    ein Quartett abgelegt.
11) Auf dem Weg zur Quelle kommt Ulrike
    an einem Wasserfall vorbei.

Lösungswort: ☐☐☐☐☐☐☐☐☐☐☐ (1 2 3 4 5 6 7 8 9 10 11)

• **Übungen zur Gliederung in Silben**
Folgende grundlegende Übungen dürften bekannt sein:
- Wörter in Silben klatschen,
- nach Silben gehen,
- Bilder vorgegebenen Silbenbögen zuordnen (lässt sich in Form eines gezinkten Memorys spielen),
- zu Bildkarten die passenden Vokale auf den Silbenbögen eintragen,
- Wörter nach der Anzahl der Silben ordnen.

Daneben gilt es Wörter gezielt silbenmäßig aufzubauen. Der Leseturm[108] lässt dies differenzierend zu. Folgende Bestückung ist möglich:

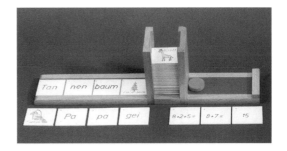

Ausgangspunkt ist das Bild:
Dabei wird durch die Sinnerwartung das Silbenlesen ohne Rückgriff auf die buchstabenweise Synthese gestützt. Diese Übung kann auch mit drei- und viersilbigen Wörtern aufbauend

durchgeführt und durch Konsonantenhäufungen im Schwierigkeitsgrad gesteigert werden. Gleichzeitig können dabei bestimmte Konsonantengruppen gesichert werden.

a) Ro - se
b) Ba - na - ne
c) Scho - ko - la - de
d) Blu - me, Blei - stift, Blu - se

Ausgangspunkt ist die Silbe:
Hier übt das Kind, von der ersten Silbe auf die folgende(n) zu schließen, wobei sich die Erwartung auf das Erfassen der zweiten Silbe positiv auswirkt und durch das folgende Bild eine Überprüfung gegeben ist.

Eine Variante stellen Silbenbüchlein[109] dar, die leicht auch von der Lehrerin/vom Lehrer oder von den Kindern nach Vorlagen erstellt werden können. Das Erstellen solcher Büchlein aus strukturiert vorgegebenen Wörtern verknüpft das Schreiben und Lesen und fördert Kinder, die Schwierigkeiten mit der Segmentierung haben. Bei der Einführung der Aufgabe sollte auf das Mitsprechen beim Schreiben geachtet werden.

Schwierige, lange Wörter in Texten können den Kindern mit Silbenbögen angeboten werden.

• **Übungen zur Gliederung in Silbenanfang und Silbenreim**

Hierzu bieten sich alle Reimübungen mit Wortkarten oder mit Versen auf Textstreifen an. Das Legen einer Reimschlange, mit Einzelkarten paarweise oder mit Reimdominos macht Kindern viel Spaß. Bei den Reimwörtern lernen die Kinder zunehmend, den Reimteil des Wortes als Einheit zu erfassen. In Fortführung denken sich die Kinder zu den Paaren kleine Verse aus und tragen sie vor.

In Verbindung mit sinnerschließendem Lesen und dem Aufbau von Sinnerwartung können einfache Reime Bildern zugeordnet werden. Dabei bietet sich die farbige Hervorhebung der unterscheidenden Signalbuchstaben an. Geeignet sind dazu z. B. Hefte aus der Reihe „ABC-Kiste" von *Eva Maria Kohl* (siehe Anmerkung[104]) sowie einzelne Minibücher von *Erwin Moser* (Beltz & Gelberg Verlag) mit den Originaltexten oder mit vereinfachten Texten. Die Klangerwartung lässt hier die Kinder vom Anlaut her den Schluss des Wortes leichter als Ganzes erfassen, auch wenn der Reimteil optisch nicht immer identisch ist. Die Büchlein werden durch Zerschneiden so aufbereitet, dass Bild und Text getrennt auf Karten stehen und zugeordnet werden können.[110] Die Lehrerin/der Lehrer kann je nach Klassenstufe und zur Differenzierung die Reime selbst etwas vereinfachen. Dieses Verfahren soll an Beispielen aus dem Buch „Was macht der Bär"[111] von *Erwin Moser* verdeutlicht werden. Den schwierigen Originalreimen sind vereinfachte Variationen in Klammern angefügt.

Der Elefant besucht den Bär,
reicht ihm zum Gruß den Rüssel her.
(reicht ihm seinen Rüssel her.)
oder:
(Der Elefant, der Elefant
gibt den Rüssel in die Hand.)

Scheint die Sonne hell und heiß,
schleckt der Bär Vanilleeis.
(schleckt der Bär ein großes Eis.)
oder:
(Der Bär mag heute Eis,
die Sonne scheint so heiß.)

Die Grille sagt: „Ich mag dich sehr,
du großer, dicker Grizzlybär!"
(Die Fliege sagt: „Ich mag dich sehr,
du großer, dicker, lieber Bär!")
oder:
(Auf der Nase ist die Fliege,
warte nur, bis ich dich kriege!)

Dem Bär tut heut' die Brust so weh,
drum bringt die Maus ihm Hustentee.
(Der Bär ist krank. Was tut ihm weh?
Die Maus bringt eine Tasse Tee.)
oder:
(Der Bär liegt in dem Bett,
die Maus ist zu ihm nett.)

Der Bär sitzt hinter einem Strauch,
bläst Ringe mit dem Pfeifenrauch.
(Der Vogel schaut dem Bären zu,
der raucht die Pfeife aus im Nu.)
oder:
(Der Vogel sagt zum Bär:
Gib die Pfeife her.)

Die Büchlein werden zerschnitten und die Bilder aufgeklebt. Die Verse werden in angemessener Größe und Schrift geschrieben und ebenfalls auf Karten aufgeklebt, die Differenzierungsform auf Karton in leicht abweichender Farbe. Auf der Rückseite werden Symbole zur Selbstkontrolle angebracht. Die Kinder schauen zunächst die Bilder an und ordnen dann die passenden Reime zu. Die Übung lässt sich auch in Form von zweigeteilten Spiralbüchern durchführen. Oben werden die Bilder angeordnet, unten in ungeordneter Reihenfolge die Texte. Die Kinder suchen durch Blättern den passenden Reim. Selbstkontrolle ist durch Symbole auf der Rückseite gegeben.

- **Übungen zur Gliederung in Signalgruppen und bekannte Wortteile**

Bekannte Wörter und Wortteile wie z. B. „ein" sollten als Ganzes in längeren Wörtern entdeckt und zur Gliederung genutzt werden. Dazu bietet sich folgender Text von *Josef Guggenmos*[112] an:

Die Kiste an der Küste
An der Küste
lag eine Kiste.
Ich schaute hinein.
Hinter mir
kamen andere drein,
die schauten hinein,
ein ganzer Verein.

In der Kiste
an der Küste
kann vieles sein.
Doch war was drin?

Nein!
Wenn du vorbei kommst,
leg was hinein,
damit die was zu schauen kriegen,
die vielen, die da wandern,
einer um den andern.

Der Text sollte selbstverständlich in Spiel umgesetzt werden, d. h. die Kinder kommen der Aufforderung in der letzten Strophe nach und bereiten einen Gegenstand oder einen Zettel mit einer Nachricht für die Kiste vor. Am nächsten Tag werden die ersten beiden Strophen nochmals von einem oder zwei Kindern vorgelesen. Jetzt kann die Frage von den vorbeigehenden Kindern mit „Ja!" beantwortet, ein Gegenstand herausgenommen und benannt oder der Zettel vorgelesen werden. In einem nächsten Schritt können die Kinder im Gedicht selbst auf Entdeckungsreise gehen und die versteckten „ein"-Wörter suchen. Diese werden herausgeschrieben und durch weitere Wörter ergänzt, z. B. Stein, Wein, Leine, Bein, meine, fein, Schreiner, am feinsten. Jedes Kind übt zunächst für sich die Wörterliste, anschließend werden in Partnerarbeit Suchaufgaben gestellt, wobei Wörter in Sätzen vorgegeben sind.

Für Übungen mit Signalgruppen wie ett, enn, itz, ack, all, oll usw. werden die Signalgruppen groß einzeln auf Karten geschrieben, dazu passende Wortkarten, Sätze oder Reimzeilen mit diesen Signalgruppen. Die Kinder ziehen nun Wortkarten oder Sätze und ordnen sie der passenden Signalgruppe zu. Dann können die Reihen von oben nach unten, von unten nach oben, in der Kleingruppe reihum, abwechselnd mit einem anderen Kind usw. gelesen werden. So prägt sich die Signalgruppe optisch, akustisch und artikulatorisch ein. Ein Kind nennt ein Wort oder einen Satz mit einer Signalgruppe, die Partnerin/der Partner zeigt die Karte dazu oder umgekehrt. Karten können vertauscht und wieder herausgesucht werden. Suchübungen in Rätselform prägen die Signalgruppe besonders gut ein. „Mein Wort hat -eck-, es steht auf dem Nachttisch." „Mein Wort ist ein Verb. Du brauchst es, wenn dich jemand nach etwas fragt. Es hat -enn-."

Abschließend kann ein Bingo-Spiel (siehe S. 46) mit Signalgruppenwörtern gespielt werden. Das Spiel erfordert das schnelle, überfliegende Erfassen der Wörter. Hierzu kann die bekannte Signalgruppe genutzt werden, die auf der Karte auch farbig oder fett hervorgehoben sein kann, zumindest auf den Karten des Spielleiters, der diese zur Unterstützung den schwachen Lesern zeigen kann. Lückensätze zu einzelnen Signalgruppen können als Klapptexte eingesetzt werden, wobei gleichzeitig Hypothesen bildendes Lesen gefördert wird (siehe auch die Übung S. 65 ff.).

Du bist wirklich _ett zu mir.
Ich schenke dir eine silberne _ett_.

Mein Bruder spielt im Musikverein _____ett_.
Heute ist schönes _ett__.

Gut lassen sich auch Kimspiele durchführen.[113] Dabei werden die fehlenden Gegenstände aus einer Wörterliste oder aus Wortkarten herausgesucht. Die Kinder können auch für ihre Mitschülerinnen und Mitschüler aus Wörterlisten mit Signalgruppen selbst solche Kimspiele herstellen.

Spielerische Übungen mit Wortlisten, die auch abwechselnd als Schnellsprechübung nutzbar sind, können gut als Vorübung zu sprachspielerischen Texten genommen werden oder auch von solchen Texten ihren Ausgangspunkt nehmen. So eignet sich zur Signalgruppe „ett" folgender Text von *R. Künzler-Behnke*, der nach solchen Vorübungen trotz der Fremdwörter ohne große Schwierigkeiten gelesen werden kann.

A & B
Annette und Babette,
die aßen um die Wette,
eine Bulette.

Und beinah hätt' Babette
gewonnen diese Wette,
wenn sie nicht die Serviette
auch mit verschlungen hätte!
Nun liegt im Bett Babette
und Sieger ist Annette.[114]

• **Übungen zur Gliederung in Morpheme**
Das schnelle Erfassen von Flexionsmorphemen bei Verben, die als Einheit erkannt werden sollten, lässt sich mit den schon vorgestellten Klappkarten bei verzögerter Wortvorgabe (siehe S. 67) gut üben. Zuerst wird der vollständige Text mit den farbig hervorgehobenen Flexionsendungen gelesen. Anschließend klappen die Kinder die Endungen zurück und versuchen nun, ausschließlich von der Syntax gesteuert, die Endungen hinzuzufügen. Dabei werden die Stammmorpheme als Einheit erfasst. Diese Übung hilft auch Kindern, die die Endungen beim Lesen verschlucken und Schwierigkeiten bei der richtigen Verwendung des Akkusativs haben. Die farbigen Hervorhebungen lassen den Blick besonders auf diese Endungen richten. Die Lücken, die durch das Umklappen entstehen, machen den Kindern deutlich, dass noch eine Endung angefügt werden muss, die durch das anschließende Aufklappen gesichert wird. Wenn die Kinder auf der Seite mit verzögerter Wortvorgabe beginnen wollen, müssen sie angehalten werden, zunächst die ganze Zeile mit den Augen zu überfliegen.

Die Endung „-st" bei der 2. Person Singular sollte besonders geübt werden, da ohne Gliederung in Stamm und Endung die dabei auftretenden Konsonantenhäufungen bei buchstabenweisem Erlesen große Schwierigkeiten bereiten können. Dazu lassen sich Erzählbilder[115] (siehe das Beispiel S. 86) oder gut auch „aufgeschnittene" Häuser, die es in vielen alten Fibeln gibt, nutzen. Zu dem Bild werden Aufgabenkarten geschrieben.

Du hör**st** Radio.
Du spiel**st** mit deinem Freund Federball.
Du kauf**st** dir ein Eis.
Du ha**st** einen Schwimmring um.
Du bi**st** hingefallen und träg**st** einen Verband.
Du liegs**t** auf deiner Matte und sonn**st** dich.
usw.

Die Karten (sie sollten durch die Anzahl der Kinder teilbar sein) liegen auf einem Stapel. Reihum wird gezogen, der Text vorgelesen und ein Spielstein an die passende Stelle im Bild gelegt. Dies macht bei großformatigen, szenenreichen Bildern Spaß, da oft wirklich gesucht werden muss, um die entsprechende Stelle zu finden. Als Wettspiel lässt sich diese Übung gestalten, wenn an den jeweiligen Stellen auf dem Bild Klebepunkte mit Zahlen angebracht werden. Die Kinder addieren ihre Zahlen. Wer am Ende die höchste Summe hat, hat gewonnen.

Der Wortbaustein „ge-" im Partizip Perfekt sollte in Verbindung mit dem Hilfsverb geübt werden. Die Kinder schreiben auf, was sie am vorigen Tag alles gemacht haben. Dazu werden die Perfektformen „ich bin …, ich habe …, wir haben …, wir sind …" vorgegeben. Die Lehrerin/der Lehrer stellt daraus Aufgabenblätter zusammen, auf denen die Kinder ankreuzen, was davon stimmt. Die Kinder können die Blätter tauschen und vergleichen und so Gemeinsamkeiten und Unterschiede feststellen. In den Sätzen sollten das Hilfsverb und der Wortbaustein „ge-" jeweils hervorgehoben werden.

Ich **habe** mit meinem Bruder **ge**spielt.
Wir **haben** Kataloge an**ge**guckt.
Mama und ich **sind** in die Stadt **ge**fahren.

• **Übungen zur Gliederung von zusammengesetzten Wörtern**
Das Erlesen/flüssige Lesen von langen, zusammengesetzten Wörtern macht den Kindern meist Schwierigkeiten. Sie müssen dazu das Wort richtig strukturieren lernen, d. h. die Nahtstelle zwischen den beiden Wörtern finden. Dies ist besonders bei Wörtern mit Konsonantenhäufung, vor allem bei drei Konsonanten an der Silbengrenze schwierig. Die Kinder müssen die Entscheidung treffen, ob der mittlere Konsonant zur ersten oder zur zweiten Silbe gehört: z. B. schwind-elf-rei oder schwin-delf-rei oder schwin-del-frei. Hilfen beim Erlesen von Komposita bieten sich wiederholende bekannte Wörter, wie im folgenden Beispiel[116] „-baum", „-stark" und „-allee", die dann im nächsten Wort leichter als Einheit erkannt werden.

Zur Vorübung ist es hilfreich, die Wörter zunächst mit optischer Hilfe, z. B. durch unterschiedliche Farben oder mit Trennstrichen, anzubieten und die Kinder später selbst durch

Trennstriche die Wortgrenzen einzeichnen zu lassen. Bosanas Karte kann ergänzt werden durch die ihrer Schwester Brigitta und ihres Onkels Baldur.

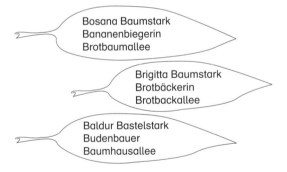

Wenn gleiche Wortteile in den Texten wiederholt werden, können die Kinder die Wörter schneller richtig strukturieren. Die Motivation, die Wörter immer wieder zu lesen, ergibt sich aus Fragen zu den Einwohnern von Salambo, die die Kinder sich in Partnerarbeit stellen. Sie schulen dabei außerdem das sondierende, informierende Lesen. Um die Fragen beantworten zu können, müssen sie die Zeilen nach der gefragten Information überfliegend abtasten. Mögliche Fragen können sein:

- Wo wohnt Bosana?
- Wie heißt die Seiltänzerin mit Vornamen?
- Welchen Beruf hat Ronaldo Riesenstark?
- Wie heißt Drago mit Nachnamen?
- Welche Hausnummer in der Brotbaumallee hat Frau Bosana?

Um selbst solche Suchaufgaben stellen zu können, werden die Karten immer wieder gelesen.

Eine kreative Weiterführung ergibt sich durch das Herstellen weiterer Karten. Dies kann differenzierend mit Teilvorgaben oder ohne Vorgaben geschehen (s. u.). Dadurch werden die Kinder auch angeregt, das Prinzip der Karten zu entdecken.

Die Blätter werden im Klassenzimmer an einen Baum gepinnt, so dass das Einwohnermeldeamt von Salambo im Klassenzimmer entsteht. Diese lustigen Karten, die durch den Lehrer/die Lehrerin ergänzt werden können, regen immer wieder zum Lesen an. Im Stützkurs holen sich die Kinder eine Karte, zeichnen mit Bleistift die Wortgrenzen ein und üben, um den Text anschließend den Mitschülerinnen und Mitschülern vorlesen zu können.

Aus den Karten kann auch ein Spiel entstehen. Die Kinder stellen mit einfachen Requisiten die Einwohner dar, deren Karte jeweils vorgelesen wird. Dazu wird vorher gemeinsam der Bedeutung der „neuen" zusammengesetzten Nomen nachgegangen und so Lesen mit Spracharbeit verbunden. Studierende und Lehrer haben folgende weitere Karten entwickelt:

Ottokar Ohrenschmaus
Operntrompeter
Opernplatz 99

Gunther Geist
Gruselgeschichtenerzähler
Gruftweg 2

Zacharias Zuckerzart
Zahnzieher
Zangengasse 2

Leonardo Langhaar
Löwenfrisör
Lockenwicklergasse 33

Mirandola Magermilch
Mandolinenspielerin
Mandelmilchgasse 88

Patrizia Plappermaul
Papageienlehrerin
Pampelmusenweg 13

Karlo Klauviel
Kokosnussdieb
Kürbishütte 6

August Aufderhut
Ausreißerfänger
Außenseiterplattform 1

Amanda Aberschnell
Affenkindergärtnerin
Ananasstraße 7

Gundula Greifzu
Gummibaumpflückerin
Granatapfelweg 6

Neben Dominos nach dem Prinzip „Hausschlüssel - Schlüsselblumen - Blumen ..." (siehe S. 45) machen Kindern Übungen mit „Kombiwörtern"[117] (z. B. Lampenschirmmütze) besonderen Spaß. Der schrittweise Aufbau mit Hilfe von Wortkarten regt das wiederholte Lesen der Wortteile und der „Kombiwörter" an. Die Kombiwörter können durch Übereinanderlegen von Wortkarten oder durch Vorgabe einer weiteren Karte hergestellt werden. Den neuen Wörtern sollte auch inhaltlich nachgegangen werden. Die Kinder stellen sich dazu etwas vor, beschreiben es oder malen es auf. Zunächst sollte nur mit zwei Wörtern, anschließend auch mit Riesenwörtern gespielt werden.

Giftzahn
   Zahnarzt
Giftzahnarzt

Radiergummi
   Gummibaum
Radiergummibaum

Kleiderbügel
   Bügeleisen
      Eisenbahn
Kleiderbügeleisenbahn

Würfelzucker
   Zuckererbsen
      Erbsensuppe
Würfelzuckererbsensuppe

Dummkopf
   Kopfsalat
      Salatsoße
Dummkopfsalatsoße

Fernsehprogramm
   Programmheft
      Heftklammer
         Klammeraffe
Fernsehprogrammheftklammeraffe

Am Schluss lesen die Kinder die neuen Riesenwörter. Die Einzelteile können als weitere spielerische Strukturierungshilfe eines Wortes gemalt und den anderen am Overheadprojektor als Rätsel aufgegeben werden.

Leseanalyse als Voraussetzung für eine gezielte Förderung

Gezielte Fördermaßnahmen setzen eine Leseanalyse voraus, die die Zugriffsweisen des Kindes differenziert feststellt, um individuell Hilfen und Anregungen zur Ausbildung der benötigten Zugriffsweisen und für deren Zusammenspiel geben zu können. Um Kindern mit besonderen Leseschwierigkeiten gezielt helfen zu können, benötigt die Lehrerin/der Lehrer Leseproben, die sie oder er qualitativ im Hinblick auf die Lesestrategien der Kinder analysieren kann. Es gilt dabei festzustellen, welche Zugriffsweisen das Kind schon nutzt, welche noch stärker ausgebildet werden müssen und wie sie sinnvoll miteinander verknüpft werden können. Die Leseproben werden auf Tonband aufgenommen und anschließend transkribiert.[118]

Bei der Analyse einer Leseprobe sollte folgendes festgehalten werden:

- die **schrittweisen Erleseversuche** des Kindes, um etwas über die Segmentierungspraktiken bei den Wörtern und das Nutzen größerer Einheiten zu erfahren, evtl. auch etwas über Probleme bei der Buchstaben-Laut-Zuordnung. Gedehnte Laute weisen dabei auf den ausführlichen, lautorientierten Weg hin. Es kann auch festgestellt werden, wie weit das Kind Wort- und Satzbildungsregeln nutzt.
- **Korrekturen und Wiederholungen** um zu klären, wie weit das Kind beim Lesen Sinnerwartungen einbringt und seine Hypothesen überprüfen bzw. auch verwerfen kann und wie weit Wiederholungen zur Sinnentnahme und Zwischenspeicherung genutzt werden.[119]
- **Substitutionen und Auslassungen**, um den Einsatz und das Zustandekommen von Hypothesen beim Lesen zu erfassen und dabei zu überprüfen, ob sie semantisch und syntaktisch akzeptabel sind und ob sie eine Ähnlichkeit mit dem Buchstabenbestand des Wortes aufweisen bzw. ob Pseudowörter verwendet werden.
- **Lesepausen**, um etwas über die Strukturierung des Satzes nach sinnvollen bzw. nicht sinnvollen Einheiten zu erfahren sowie darüber, welche Wörter schon automatisiert wahrgenommen werden bzw. welche noch „erlesen" werden müssen. Plötzliche längere Pausen können ein Indiz für das Überprüfen von Hypothesen sein, auch wenn nicht korrigiert wird. Leser, das haben Untersuchungen zu Augenbewegungen ergeben, reagieren bei Textverarbeitungsproblemen mit längeren Fixationszeiten oder Regressionen (Rückschritten).
- das **optische Erscheinungsbild des Textes**, um etwas über die Fähigkeit zu erfahren, Zeilen zu halten und den Zeilensprung zu bewältigen, sowie darüber hinaus Schlüsse auf die Bedeutung von Schrift, Schriftgrad, Durchschuss und Zeilengliederung für den Leseprozess ziehen zu können.
- das **Lesetempo**, das ja die Transkribierung nicht wiedergibt. Dazu stellt man die Anzahl der Wörter pro Minute fest.[120]
- je nach Situation **Äußerungen und Reaktionen der Lehrerin/des Lehrers und des Kindes**, um etwas über den Umgang des Kindes mit Hilfen und die Wirksamkeit von Hilfen zu erfahren bzw. diese kritisch zu reflektieren.
- **Fragen zum Inhalt**, um etwas über das Sinnverständnis zu erfahren.

Ein Problem bei Leseproben ist die Notwendigkeit des lauten Lesens, besonders bei fortgeschrittenen Lesern, die ja nicht mehr wie Leseanfänger die eigene Artikulation für das Erlesen benötigen. Beim lauten „Vor"-lesen sind die Leser stark mit der Klanggestaltung beschäftigt, sodass dadurch das Sinnverständnis leiden kann; außerdem ist aus der Situation des Vorlesens heraus der Zwang zum Weiterlesen gegeben, der die Kinder Korrekturen nicht vornehmen lässt, auch wenn sie Unstimmigkeiten bemerken. Hier gilt es unbedingt für eine entspannte Situation zu sorgen und vorher deutlich zu machen, dass Korrekturen oder Wiederholungen wichtig sind, da sie zeigen, dass das Gelesene auch verstanden wurde.

Das aufgezeigte Verfahren eignet sich daher nur bedingt, um Textverstehen zu diagnostizieren. Dies sollte besser in Verbindung mit stillem Lesen geschehen. Außerdem ist zu betonen, dass es problematisch ist, von nur einer Leseprobe auf die Strategien eines Kindes zu schließen.

Die folgenden zwei Leseproben[121] machen unterschiedliche Zugriffsweisen deutlich.

Marco liest stark hypothesengeleitet. Seine Leseprobe ist durch viele Substitutionen und Auslassungen gekennzeichnet, die zunächst syntaktisch akzeptabel sind, sich dann aber nicht weiter in den folgenden Satzkontext einfügen lassen. Marco korrigiert diese Verlesungen nicht, bemerkt aber wahrscheinlich beim Weiterlesen syntaktische Unstimmigkeiten. Dies zeigt die lange Pause in Zeile 2 vor „geklatscht" an, außerdem die Pause in Zeile 7 vor „gehüpft" sowie in Zeile 14 das Einfügen von „beinah" und die Pause vor „Händen". Die Pau-

Marco

Die Geschichte vom Floh und dem Affen

　　　　　　　　　　hatte　　　　　　　　　　　　　　　　　　　saß
1　Einmal hat ein Floh einen Affen am Bauch gezwickt. Da hat der Affe ‖

　　　　　　dem Hund　　dem　　(K)(ge)-(ge)-geklatscht　　　　　(K)　　(ge)-(ge)-geknallt
2　sich mit der Hand auf den Bauch geklatscht, daß es nur so geknallt

3　hat.

　　(K) Aber de　　　　　immer　　(K)
4　Aber der Floh war ihm schon längst auf die Schulter gehüpft. Da hat

5　der Affe sich selbst in die Schulter gebissen, so fest, daß er den

　　　　　　　　　　　H-Haare
6　Mund ganz voll Haare hatte.

　　　　　　　　　immer　　　　　dem
7　Aber der Floh war ihm schon längst auf den Rücken gehüpft.

　　　　　　　　　　　　　　　　hatte　　　　　　u-um
8　Der Affe wollte ihn packen, er hat sich rund und rund um sich selbst

　　ge-gedreht
9　gedreht, bis ihm schwindelig war.

　　(K) Aber de　　　immer
10　Aber der Floh war nur gerade ein Stückchen tiefer gehüpft und ist

　　　　　　　　　　geklettert
11　über den Affenpopo gekrabbelt. Der Affe hat sich schnell auf die Erde

　　　　　　hatte ge-gelacht　　　gelacht　　　　habe
12　gesetzt. Er hat gelacht und gedacht: „Jetzt hab' ich ihn!"

　　　　　　　　　　　　　　(K) von unte
13　Aber da hat der Floh den Affen von unten gezwickt. Der Affe ist

　　　　　　　　　　　　　　　　　(eK) beinah (3)
　　　　　　　　　　　　　　　　　beinah-e (2)　　sich　　　　seinen
　　　　　　　　　　　　　　　　　b-beid-s (1) hinte
14　schnell wieder aufgesprungen und hat mit beiden Händen auf sein ‖

　　eigenen
15　eigenes Hinterteil geschlagen, immer schneller, immer fester.

　　　　　　　　　　　immer　　　　　dem
16　Aber der Floh war ihm schon längst auf den Kopf gehüpft. Dort hat

　　(eK) ge-sehen (2)　　　　　　　　　　　　　(eK) verhausen (2)　hatte
　　ge-gessen (1)　zu-zu-zugesehen　　　　　　ver (1)
17　er gesessen und zugesehen, wie der Affe sich selbst verhauen hat.

Anzahl der Wörter: 183
Dauer insgesamt: 2 min 39,3 sek
Wörter pro Minute: 69

Ⓚ　Korrektur　　　　　　◯　Auslassung　　　　　　'　kurze Unterbrechung
ⓔⓚ erfolglose Korrektur　( ) geflüstert　　　　　　　im Artikulationsstrom
PW Pseudowort　　　　　｜　Pause　　　　　　　　　:　gedehnter Laut
　　　　　　　　　　　　‖　lange Pause　　　　　　-　Segmentierung im Wort

Raimund

Die Geschichte vom Floh und dem Affen

1 Einmal hat ein Floh einen Affen am Bauch gezwickt. Da hat der Affe
2 sich mit der Hand auf den Bauch geklatscht, daß es nur so geknallt
3 hat.
4 Aber der Floh war ihm schon längst auf die Schulter gehüpft. Da hat
5 der Affe sich selbst in die Schulter gebissen, so fest, daß er den
6 Mund ganz voll Haare hatte.
7 Aber der Floh war ihm schon längst auf den Rücken gehüpft.
8 Der Affe wollte ihn packen, er hat sich rund und rund um sich selbst
9 gedreht, bis ihm schwindelig war.
10 Aber der Floh war nur gerade ein Stückchen tiefer gehüpft und ist
11 über den Affenpopo gekrabbelt. Der Affe hat sich schnell auf die Erde
12 gesetzt. Er hat gelacht und gedacht: „Jetzt hab' ich ihn!"
13 Aber da hat der Floh den Affen von unten gezwickt. Der Affe ist
14 schnell wieder aufgesprungen und hat mit beiden Händen auf sein
15 eigenes Hinterteil geschlagen, immer schneller, immer fester.
16 Aber der Floh war ihm schon längst auf den Kopf gehüpft. Dort hat
17 er gesessen und zugesehen, wie der Affe sich selbst verhauen hat.

Anzahl der Wörter: 183
Dauer insgesamt: 8 min 35,2 sek
Wörter pro Minute: 21,3

Ⓚ Korrektur   ◯ Auslassung   ' kurze Unterbrechung im Artikulationsstrom
eK erfolglose Korrektur   ( ) geflüstert
PW Pseudowort | Pause   : gedehnter Laut
‖ lange Pause   - Segmentierung im Wort

sen könnten aber auch ein Indiz dafür sein, dass Marco bei schwierig gebauten Wörtern erhebliche Probleme mit dem „Erlesen" hat.

Semantisch überprüft Marco seine Verlesungen nicht weiter. Der Satz „Da hat der Affe sich mit dem Hund auf dem Bauch geklatscht." ist nach der Überschrift und dem ersten Satz wenig wahrscheinlich. Auf Grund seiner Erfahrung mit erzählenden Texten verwendet Marco das Präteritum. Er liest sehr schnell und hastig. Häufig liest er über die Satzgrenzen hinweg. Das Hauptproblem von Marco scheint zu sein, dass er sich zu stark vom Kontext auf Grund weniger Wörter oder Einzelbuchstaben leiten lässt, ohne seine Hypothesen am Wortbild zu überprüfen. Das übermäßige Nutzen von Sinnstützen und syntaktischen Begrenzungen ohne Überprüfung auf der phonographischen Ebene kann auch durch Schwierigkeiten beim sicheren, schnellen Erlesen der Wörter (siehe Zeile 14, 17) gegeben sein.

Marco braucht unbedingt Übungen, die ihn zum Überprüfen seiner Hypothesen herausfordern, Übungen, die genaues sinnerfassendes Lesen erfordern, und Übungen zum sicheren und schnellen Erfassen von Wörtern.

Raimund liest noch sehr langsam und gedehnt, was zu Schwierigkeiten bei der Sinnerschließung führt und äußerst anstrengend für ihn ist. Er geht wortweise vor, wie die vielen Pausen zeigen. Raimund erschließt die Wörter vornehmlich durch schrittweise Synthese, wobei er häufig mehrere Erleseversuche benötigt, um zum richtigen Wort zu kommen. Er verwendet dabei aber auch schon größere Einheiten. Raimund versucht so lange, bis er ein sinnvolles Wort gefunden hat. Der größte Teil der Verlesungen wird korrigiert. Er bewältigt also den Sprung zur Sinnerfassung beim einzelnen Wort. Bei der Buchstaben-Laut-Zuordnung von <A>, <a> bzw. <Au>, <au> ist er noch unsicher. Auch bei <b> und <r> benutzt er zunächst den Buchstabennamen statt des Lautes. Substitutionen und Auslassungen kommen kaum vor. Raimund nutzt noch zu wenig den semantischen und syntaktischen Kontext für das Erlesen der Wörter und das Finden des Sprechwortes. Er benötigt in erster Linie Übungen zum Einbeziehen des Kontextes und zum gezielten Aufbau von Hypothesen sowie Übungen zum ganzheitlichen Erfassen von häufigen kleinen Wörtern (auf, war, aber, hatte) und zum Nutzen von Wortteilen. Diese Übungen sollten immer in Satz- bzw. Textkontexte eingefügt sein, damit auch hier Raimund den Kontext als Lesehilfe erfahren und nutzen lernt.

Arbeitstechniken im Bereich des weiterführenden Lesens

Viele Kinder haben Schwierigkeiten gezielt Informationen aus einem Text zu entnehmen und den Inhalt eines Textes wiederzugeben oder auch Texte vorzutragen. Sie brauchen dazu Arbeitstechniken, die sie diese Aufgaben sicherer bewältigen lassen.

Arbeitstechniken sollten, nachdem sie eingeführt sind, für die Kinder in Form einer übersichtlichen Selbstinstruktion (Ichform) angeboten werden, an der sie die Schrittfolge ablesen und begleitend zum Tun einüben können.

Den Inhalt eines Textes wiedergeben

Das Nacherzählen einer Geschichte als - möglichst wortgetreue - Wiederholung des gehörten bzw. gelesenen Textes ist didaktisch nicht unumstritten. Dennoch kann diese Textumgangsform eine wichtige Funktion im Erwerb der aktiven Textkompetenz spielen, vor allem, wenn sich das Kind nach und nach von der wörtlichen Wiederholung löst und eine selbstständige kompositorische und sprachliche Gestaltung in den Vordergrund tritt.

Das Erfassen des grundlegenden Textinhalts kann Voraussetzung sein für das in Einzelfällen sinnvolle (Nach-)Erzählen einer Geschichte (etwa bei einer Veranstaltung mit einer anderen Klasse oder in einer Erzählstunde, wo einige Kinder verschiedene Geschichten frei erzählen) oder für die Wiedergabe eines sachlichen Inhalts (z. B. bei Berichten in der Gruppenarbeit oder der individuellen Lektüre). Dadurch wird die später wichtige Inhaltsangabe vorbereitet.

Methodisch geht der Weg zur Erfassung und Wiedergabe des Inhalts über eine handelnde, optisch sichtbare Form: Figuren oder Zeichnungen werden erstellt und bilden zusammen mit zentralen verbalen Teilen (Stichwörtern) das Gerüst für die Wiedergabe, oder zentrale Stichwörter werden auf Karten vorgegeben bzw. selbst erarbeitet und zugeordnet. Die Bilder oder Stichwörter ermöglichen eine gestützte Wiedergabe. Sie bieten auch eine Grundlage für die Umsetzung des Textes in szenisches Spiel. Das visuell unterstützte Verfügen über den grundlegenden Handlungsablauf ist Voraussetzung für ein freies und produktives Spiel.

- **Den Inhalt bei erzählenden Texten wiedergeben**

Bei erzählenden Texten geht es zunächst um
- das Erfassen der zentralen handelnden Figuren,
- die Wiedergabe der Handlungsschritte,
- evtl. die Ergänzung der Handlungsschritte durch Orts- und Zeitbezüge.

Die Arbeitstechnik wird an einem Beispieltext eingeführt (siehe Kopiervorlagen S. 94/95).

Die Kinder erhalten zunächst in Kleingruppen die Schablonen und überlegen dazu eine mögliche Geschichte. In jeder Gruppe werden die Figuren ausgeschnitten. Wenn das Papier vor dem Schneiden mehrmals gefaltet wird, können in einem Arbeitsschritt mehrere Kätzchen hergestellt werden.

Für das Erfassen der Originalgeschichte muss der Text gelesen werden. Die Kinder legen beim Lesen mit den Figuren den Ablauf der Geschichte. Sie erkennen, dass ihnen die hervorgehobenen Textstellen dabei helfen. Zunächst werden die Kinder die Figuren in Reihen anordnen. Beim Tun und besonders beim Erzählen anhand der Bilder erkennen sie, dass es bei diesem Text um eine Kreishandlung geht. Jede Gruppe kann nun anhand ihrer Bilder, z. B. vor Kindergartenkindern oder bei einem Elternnachmittag, die Geschichte erzählen.

„Die Geschichte vom Ferkelchen"[122] wird zunächst vollständig gelesen. Die Kinder lesen anschließend nur die unterstrichenen Stellen und versuchen, anhand dieser Wörter die Geschichte zu erzählen. Dann machen sich die

Die Geschichte vom Ferkelchen
Ursula Wölfel

Einmal ist <u>ein Schwein mit seinen Ferkelchen auf die Wiese gegangen.</u>
Es war sehr heiß und <u>das Schwein</u>
hat sich in den Schatten gelegt
und es <u>ist eingeschlafen.</u>
Da sind <u>die Ferkelchen weggelaufen.</u>

<u>Eins</u> ist in den Garten gelaufen,
da hat es <u>grüne Beeren</u> gefressen
und davon hat es <u>Bauchweh</u> bekommen.

<u>Eins</u> ist in den Hof gelaufen,
da hat der <u>Gänserich</u> das Ferkelchen
in das Ringelschwänzchen <u>gezwickt.</u>

<u>Eins</u> ist auf die Straße gelaufen,
da ist ein Auto gekommen
und das Ferkelchen ist vor Schreck
<u>in den Graben gekugelt</u>
und nachher war es ganz <u>schmutzig.</u>

Nur <u>das allerkleinste Ferkelchen,</u>
das ist <u>bei der Mutter</u> geblieben.
Es hat kein Bauchweh bekommen,
es ist nicht vom Gänserich gezwickt worden
und es war überall ganz fein und rosa.
Aber es hat sich den ganzen Tag
nur <u>gelangweilt.</u>

Drei Kätzchen 1

Drei Kätzchen
Wladimir Sutejew

Es waren einmal drei Kätzchen –
ein schwarzes, ein weißes und ein graues,
die erspähten eine Maus und rannten ihr nach.
Die Maus sprang in eine Mehldose,
die Kätzchen hinterdrein.
Die Maus entwischte
und aus der Mehldose kletterten drei weiße Kätzchen.

Drei weiße Kätzchen sahen einen Frosch
auf dem Hofe sitzen und rannten ihm nach.
Der Frosch hüpfte in ein altes Ofenrohr,
die Kätzchen hinterdrein.
Der Frosch entsprang
und aus dem Rohr krochen drei schwarze Kätzchen.

Drei schwarze Kätzchen sahen einen Fisch
im Teich schwimmen und sprangen hinterdrein.
Der Fisch schwamm davon
und aus dem Wasser tauchten drei nasse Kätzchen.

Drei nasse Kätzchen schlichen heimwärts.
Unterwegs trocknete ihr Fell
und sie wurden, was sie vorher gewesen waren:
ein schwarzes, ein weißes und ein graues Kätzchen.

Aus: H. R. Lückert: Ich sammle Wörter, © Gertraud Middelhauve Verlag, München

- Lies den Text still durch!
- Legt mit den Bildern die Geschichte! (Ihr braucht dazu Blatt 2.)
- Erzählt die Geschichte nach euren Bildern!

Drei Kätzchen 2

- Überlegt euch zu den Bildern eine Geschichte!
- Stellt die Figuren mit Hilfe der Schablonen her!
- Ihr braucht: 3 weiße Katzen,
  3 schwarze Katzen,
  eine graue Katze.
  So geht das ganz schnell:
  Papier falten – Katze aufmalen – ausschneiden.

Kinder zum Text eine „Bildpartitur", die sie durch Wörter ergänzen können.

Aus der Erarbeitung beider Texte heraus kann die Arbeitstechnik „Inhalt wiedergeben" gemeinsam erarbeitet und anschließend an geeigneten Texten geübt werden.

Arbeitstechnik: Inhalt wiedergeben

 1. Ich lese den Text einmal durch.

 2. Ich lese Absatz für Absatz und unterstreiche wichtige Wörter.

 3. Ich lese nur die unterstrichenen Wörter und prüfe: Kann man so die Geschichte verstehen?

 4. Ich male die wichtigsten Figuren oder Stationen auf und schreibe dazu.

 5. Ich erzähle die Geschichte anhand der Bilder.

Zur Vorübung können zu einem klar gegliederten Text einzelne Bildkarten angeboten werden, die entsprechend dem Text geordnet werden müssen. Dieses Verfahren unterstützt, dass das Kind nur die tragenden Handlungsschritte bildlich festhält und nicht meint, jedes Detail müsse abgebildet werden. Für solche Übungen eignen sich gut Texte aus „28 Lachgeschichten" und „27 Suppengeschichten" von *Ursula Wölfel*[122].

An Märchen, die von ihrer Struktur her zum Erzählen geeignet sind, können Kinder die Arbeitstechnik besonders gut im 3. und 4. Schuljahr erproben und sich damit auch ein Erzählbuch anlegen. Als Material sollten geeignete Texte in einem Kasten zur Auswahl angeboten werden. Von den Kinder- und Hausmärchen der Brüder Grimm bieten sich an: Die Sterntaler (KHM Nr. 153), Frau Holle (KHM Nr. 169), Die Wassernixe (KHM Nr. 404, siehe Kopiervorlagen, S. 97/98), Die Bienenkönigin (KHM Nr. 62), Der Bauer und der Teufel (KHM Nr. 189). Leichter zu lesende Texte finden sich in „Mäuschen vor dem Häuschen" von *Eleonora Berger*.[123]

Gezielt Informationen aus einem Text entnehmen/Stichwortzettel schreiben

Mit zunehmendem Alter interessieren sich Grundschulkinder für Wissensdaten; sie verfügen manchmal über ein erstaunliches Detailwissen. Um dieses Interesse zu befriedigen, müssen die Kinder die recht schwierige Aufgabe, aus Texten Stichwörter herauszuschreiben, einüben.

Stichwörter zu einem Text erstellen lässt sich besonders gut in Verbindung mit Sachtexten üben. Am Beispiel von Sachtexten über Tiere soll hier das Verfahren vorgestellt werden (siehe Kopiervorlagen, S. 99/100). Tiere interessieren Kinder sehr. Mit Hilfe von Stichwörtern zu einzelnen Tieren können sie für sich oder die Klasse Tierlexika zu einzelnen Lebensräumen erstellen, die durch Tierbilder ergänzt werden können. Die Kinder lernen dabei auch, wie sie sich zum Lernen eines Sachstoffes (z. B. im Sachunterricht) durch Unterstreichen und das Verfassen von Stichwörtern einen „Merkzettel" erstellen können.

Als Einstieg ist es hilfreich, mit gezielten Fragen zu einem Tier zu beginnen. Die Kinder sollen zunächst versuchen, sie aus ihrem Vorwissen heraus zu beantworten. Danach markieren oder unterstreichen sie die passenden Stellen im Text. In Partnerarbeit können sie sich zur Überprüfung gegenseitig Fragen stellen, die mit Hilfe des markierten Textes beantwortet werden sollten.

In einem zweiten Schritt lesen die Kinder über ein anderes Tier einen Sachtext und einen fertigen Stichwortzettel. Gemeinsam ordnen sie die Stichwörter den Sätzen des Sachtextes zu.

Im dritten Schritt erstellen nun die Kinder selbst einen Stichwortzettel.

Zur weiteren Übung sollten mit Folie bezogene Sachtextkarten zur Verfügung stehen. Mit wasserlöslichen Folienstiften können die Kinder Merkwörter unterstreichen und anschließend einen Stichwortzettel schreiben. Legt man zu jeder Karte kopierte Abbildungen des Tieres, sind die Kinder besonders motiviert, weil sie so leichter einen ansprechenden Lexikontext erstellen können. Zur Differenzierung sollten

Die Wassernixe 1

Die Wassernixe
Jacob und Wilhelm Grimm

Ein Brüderchen und ein Schwesterchen spielten an einem Brunnen.
Und wie sie so spielten, plumpsten sie beide hinein.
Unten im Brunnen ist eine Wassernixe, die spricht: „Jetzt hab' ich euch.
Jetzt sollt ihr mir brav arbeiten", und zieht sie mit sich fort.

Das Schwesterchen muss ganz zerzausten Flachs spinnen
und Wasser in ein hohles Fass schleppen.
Das Brüderchen soll einen Baum mit einer stumpfen Hacke umhauen.
Und nichts zu essen bekommen sie als steinhartes Brot.

Eines Sonntags geht die Nixe in die Kirche. Da laufen die Kinder davon.
Als die Kirche aus ist und die Nixe sieht, dass die beiden fortgelaufen sind,
rennt sie ihnen mit großen Sprüngen nach.
Die Kinder sehen sie schon von weitem kommen.

Da wirft das Schwesterchen schnell eine Bürste hinter sich.
Und auf einmal steht da ein großer Bürstenberg mit tausend mal tausend
Stacheln. Über den muss jetzt die Nixe mit großer Mühe klettern.
Endlich kommt sie darüber.

Als die Kinder das sehen, wirft das Brüderchen schnell einen Kamm
hinter sich. Und auf einmal steht da ein großer Kammberg mit tausend
mal tausend Zinken. Aber die Nixe kann sich an den Zinken festhalten
und kommt auch darüber.

Da wirft das Schwesterchen schnell einen Spiegel hinter sich.
Und auf einmal steht da ein großer Spiegelberg, der ist so glatt,
dass die Nixe nicht darüber kann. Da denkt sie: „Ich will geschwind
nach Haus laufen und meine Hacke holen und den Spiegelberg zerhauen."

Als sie aber wiederkam und das Glas zerhauen hat, waren die Kinder
längst weit fortgelaufen. Und die Wassernixe musste sich wieder
in ihren Brunnen trollen.

Aus: Richard Bamberger (Hrsg): Jacob und Wilhelm Grimm.
Kinder- und Hausmärchen, Ravensburger Buchverlag, Otto Maier GmbH, Ravensburg 1972

- Lies den Text still durch!
- Lies Absatz für Absatz und unterstreiche wichtige Wörter!

Die Wassernixe 2

Zeichnungen: G. J. W. Vieth, Berlin

- Schneide die Karten aus!
- Ordne die Karten dem Märchen „Die Wassernixe" zu!
- Was gehört auf die leere Karte? Male!
- Lege mit den Bildern die Geschichte!
- Erzähle anhand der Bilder die Geschichte!

Tiere am Teich

Libellen – was weißt du darüber?

Wohin legen die Libellen ihre Eier?
Was schlüpft aus den Eiern?
Wie oft häuten sich die Larven?
Womit fangen die Larven ihre Beute?
Was fressen die Larven?
Nach welcher Zeit schlüpft aus der Larve die fertige Libelle?

- Welche Fragen kannst du schon beantworten?

Libellen

Libellen legen im Frühsommer ihre Eier ins Wasser.
Aus den Eiern schlüpfen Larven,
die sich etwa zehnmal häuten.
Die gefräßigen Larven haben zwei Fanghaken am Kopf,
mit denen sie Kaulquappen und kleine Fische fangen.
Nach zwei Jahren klettern die Larven
an Pflanzenstängeln aus dem Wasser.
Die fertige Libelle schlüpft heraus und fliegt davon.

- Unterstreiche die Lösungen zu den Fragen!

Erdkröten

Die Erdkröte gehört zu den Amphibien,
sie lebt an Land und im Wasser.
Nur zum Laichen wandern die erwachsenen
Kröten im Frühjahr zu jenem Teich, in dem sie
aus dem Ei geschlüpft waren. Nur dort
legen sie ihren Laich in langen Schnüren ab.

Die Krötenwanderung geht oft über mehrere
Kilometer. Viele Kröten werden dabei
auf den Straßen überfahren. Deshalb stellen
Naturschützer an Straßen Zäune auf,
sammeln die Kröten ein
und tragen sie über die Straße.

Erdkröten
- leben an Land und im Wasser
- wandern im Frühjahr
- laichen nur in dem Teich, in dem sie selbst geschlüpft sind
- Laich in Schnüren
- Gefahr auf den Straßen
- Naturschützer stellen Zäune auf
- tragen Kröten über die Straße

- Lies erst den Sachtext, dann den Stichwortzettel!
- Haltet einen kleinen Vortrag zu Erdkröten! Nehmt dazu den Stichwortzettel!
- ☆ Schreibe jetzt einen Stichwortzettel zur Libelle!

Stichwortzettel schreiben

Der Alpensalamander

In den Wäldern und feuchten Geröllhalden der <u>Gebirge</u> zwischen <u>800 und 3000 m</u> lebt der Alpensalamander. Im Unterschied zum Feuersalamander ist er aber <u>völlig schwarz</u>. Der Alpensalamander ist <u>nachts aktiv</u>, tagsüber versteckt er sich <u>unter Steinen</u> oder in Spalten. Das Weibchen trägt die <u>jungen Larven zwei bis drei Jahre im Mutterleib</u> und setzt sie bei der Geburt als voll entwickelte Salamander ab.

Der Gelbrandkäfer

ist ein Schwimmkäfer. Die dunkelgrünen Deckflügel sind mit einem gelben Rand eingefasst. Der Gelbrandkäfer ist ein Räuber, der Kaulquappen, kleine Fische und andere Käfer jagt. Auch die Larve des Gelbrandkäfers ist ein gefräßiger Räuber.

Zeichnungen: G. J. W. Vieth, Berlin; Elke Petersen, Braunschweig

Der Igel

Igel fressen vor allem Schnecken, Würmer, Raupen, Spinnen und Käfer. Im Winter findet der Igel daher kein Futter. Und Vorräte kann er sich auch nicht anlegen. Also muss er sich einen Vorrat anfressen. Nur würde das Fettpolster nicht für den ganzen Winter reichen, wenn der Igel wie im Sommer leben würde. Deshalb verkriecht er sich im Spätherbst in ein Winternest. Seine Körpertemperatur fällt auf etwa 5 Grad, sein Herzschlag verlangsamt sich,

er atmet nur noch drei- bis viermal in der Minute. So verbraucht er viel weniger Energie. Wenn er dann im Frühjahr aufwacht, hat er stark abgenommen und muss bis zum Herbst wieder gewaltig zunehmen.

- Unterstreiche wichtige Aussagen!
- Schreibe zu einem Tier einen Stichwortzettel!
- Halte einen kleinen Vortrag zu deinem Tier mit Hilfe deines Stichwortzettels!
☆ Hast du Lust dir ein Tierbuch anzulegen?

sowohl Texte mit schon gekennzeichneten Merkwörtern als auch unbearbeitete Texte angeboten werden.

In einem letzten Schritt sollte jedes Kind von seinem Tier anhand des Stichwortzettels kurz berichten, dabei aber die Stichwörter nicht ablesen. Zur Einführung kann die Lehrerin/der Lehrer das Berichten anhand des Stichwortzettels an einem gemeinsam erarbeiteten Beispiel konkret vorführen. Die Kinder erproben dann in Partnerarbeit oder in Kleingruppen dasselbe Verfahren an ihren Stichwortzetteln.

Nachdem die Arbeitstechnik an einfacheren Sachtexten eingeübt wurde, können die Kinder sie im Rahmen von Projekten anwenden (hier ein Beispiel aus einem Dinosaurier-Buch[124]),

wenn sie Informationen aus Sachbüchern oder Zeitungsausschnitten entnehmen und z. B. Informationstafeln erstellen, Beiträge für die Schülerzeitung verfassen oder Kleinreferate halten.

Arbeitstechnik: Stichwortzettel erstellen

 1. Ich lese den ganzen Text.

 2. Ich lese Absatz für Absatz und unterstreiche wichtige Wörter.

 3. Ich schreibe Stichwörter heraus.

 4. Ich berichte mit Hilfe meiner Stichwörter.

Texte vortragen

Bei der ersten Textbegegnung ist ein lautes Vorlesen durch die Kinder, möglicherweise noch reihum, nicht sinnvoll. An dessen Stelle sollte zunächst das stille Lesen der Kinder stehen, dem in der Schule immer wieder Raum gegeben werden muss. Kinder haben ein unterschiedliches Lesetempo und auch unterschiedliche Lesestrategien. Es ist äußerst mühsam für ein schnell lesendes Kind, sich auf das langsame Lesetempo und das z. T. noch synthetisierende Erlesen eines anderen Kindes einzustellen und dessen Weg mit dem Finger mitzuverfolgen. Umgekehrt ist ein langsam lesendes Kind mit dem Lesevortrag eines schnell lesenden Kindes überfordert. Es kann nicht so schnell folgen.

Noch gravierender sind die pädagogisch-psychologischen Auswirkungen auf schwache Leser. Sie stehen mit ihren Leseschwierigkeiten vor der Klasse bloß, haben schon aus Angst Schwierigkeiten und bauen Blockaden auf. Wie viele Kinder haben durch den Zwang, laut einen ungeübten Text vor der Klasse vorlesen zu müssen, den Zugang zum Lesen und die Freude am Lesen verloren!

Das laute Reihumlesen und gleichzeitige Mitlesen, wenn ein anderes Kind vorliest, erschwert erheblich die Sinnerfassung. Das lesende Kind ist so sehr mit der Klanggestaltung befasst, das mitlesende Kind damit, dem Lesevorgang zu folgen, dass beide nicht auf den Sinn achten können. Gerade das sinnerschließende Lesen erfordert gelegentlich ein Zurückspringen im Text, das jedoch durch das laute Vorlesen vor der Klasse eher verhindert wird. Auch die häufig zu beobachtenden Korrekturen von Mitschülerinnen und Mitschülern bei Verlesungen hemmen den Lesefluss und das Sinnverständnis des lesenden Kindes und verhindern, dass es notwendige Korrekturen selbst erfasst. Das

Vorlesen sollte daher nur an geübten Texten und zunächst nur freiwillig geschehen sowie in sinnvollen (Vorlese-)Situationen.

Neben dem notwendigen stillen Lesen, das dem Leser/der Leserin individuell den Sinn erschließt und das Lesen eines Textes zu einem persönlichen Erlebnis werden lässt, hat auch der Lesevortrag, der auf Zuhörer, auf ein gemeinsames Erleben des Textes gerichtet ist, seine Berechtigung. Beim Vortragen wird der Text intensiv miterlebt. Ein dynamischer Vortrag macht manche Texte erst lebendig und lässt das Miterleben der geschilderten Situation besser zu. Häufig erschließen sich bestimmte Textstrukturen, z. B. Wiederholungen, Alliteration, Lautmalereien, erst durch Vortragen des Textes und können so erst in ihrer Wirkung erfahren werden.

Der Lesevortrag, dem immer ein stilles Lesen vorausgehen sollte, erfordert sinnbetontes, gut artikuliertes, dynamisches Sprechen, das die Aussage des Textes bewusst verständlich macht. Bei der Erarbeitung der Pausen, Betonungen, Lautstärken und Enjambements wird eine praktische Analyse des Textes geleistet. Das Kind setzt sich mit den wichtigen Aussagen des Textes auseinander; nur so können die Redekerne (Betonungen) gefunden werden. Es erfasst das Spezifische der handelnden Personen und versetzt sich in deren Rolle, um ihre Redeabsichten sprecherisch herauszuarbeiten. Für die Zuhörer wird ein Text bei differenziertem Lesevortrag in seiner Aussage und Intention deutlich. Kinder können so „ihren" Text anderen nahe bringen, andere an ihrer Sichtweise des Textes, ihrem Interesse und ihrer Freude am Text teilhaben lassen und andere für den Text, den Autor/die Autorin, das Buch begeistern.

Um Texte vortragen zu können, müssen folgende Schritte erarbeitet und geübt werden:
- Gliedern in Sinnschritte,
- sprecherisch Betonungen setzen,
- Finden von Redekernen,
- Lesen mit verteilten Rollen.

• **Gliedern in Sinnschritte**
Für den Lesevortrag ist das Erkennen der Sinnschritte notwendig. Dazu müssen die Kinder mehrere Wortgruppen überschauen können. Als Sinnschritte werden in diesem Zusammenhang inhaltliche und rhythmisch-klangliche Einheiten bezeichnet.

Damit die Kinder ein Gespür für zusammengehörige Wortgruppen erhalten, bieten sich zunächst als Lesehilfe und zur Leseübung Texte an, in denen die Sinnschrittgliederung schon vorgenommen ist. Dazu eignen sich Texte im Flattersatz mit Sinnschrittgliederung.

Das fremde Mädchen
Barbro Lindgren-Enskog[125]

Der kleine Onkel war lange allein gewesen.
Endlich hatte er einen Freund gefunden, einen Hund.
Jeden Tag kam der Hund zu ihm
und sie saßen zusammen auf der Treppe.

Da kam ein Kind
über die Wasserpfützen gesprungen.
Es war ein hübsches Kind
mit einem gepunkteten Kleid
und einer Schleife im Haar.

Das Kind setzte sich auf die Treppe
und lehnte sich an den Hund.
Der Hund zitterte vor Glück
und legte seine Nase
in die Hand des Kindes,
statt sie dem Onkel in die Hand zu legen.

Da fühlte der Onkel
ein Stechen in seiner Brust
und die Welt um ihn herum verschwamm.
Er setzte sich ans andere Ende
der Treppe und guckte weg.

Die Kinder werden aufgefordert, mit den Augen die ganze Zeile zu überfliegen und sie dann erst zu sprechen. Einige Zeilen sind besonders lang. Sie können nochmals untergliedert werden. Gemeinsam werden mögliche Stellen für Pausen erprobt und eingezeichnet. Die Kinder erhalten nun kurze Texte, z. B. Witze (siehe Schatzkiste S. 25), die von der Lehrerin/vom Lehrer in Sinnschrittgliederung angeordnet sind und je nach Lesefertigkeit zugeteilt werden können. Jedes Kind übt nach dem Verfahren:

1. den ganzen Text still lesen,
2. die Zeile mit den Augen überfliegen, dann ganz lesen,
3. den ganzen Text Zeile für Zeile vorlesen.

In der Kleingruppe lesen sich die Kinder nun gegenseitig ihre Witze vor.

Eine Maus trifft einen Elefanten. Sie fragt ihn:
„Hast du nicht große Angst vor einer Katze?"
„Warum sollte ich Angst haben?",
fragt der Elefant erstaunt.
„Weil du in kein Mauseloch hineinpasst."

„Um Gottes Willen, der Kuchen ist
unter den Tisch gefallen. Den wird der Hund
noch fressen!", ruft die Mutter.
„Keine Angst, Mama, ich habe sofort
den Fuß darauf gestellt."

Ein Floh gewinnt im Lotto.
„Was machen Sie denn mit dem vielen Geld?"
„Ich kaufe mir einen großen Hund –
ganz für mich allein."

In einem zweiten Schritt werden Texte mit längeren Zeilen angeboten, die jedoch mit einem Sinnschritt enden sollten. Die Untergliederung der Zeilen kann im ersten Teil des Textes gemeinsam vorgenommen oder auch schon von der Lehrerin/vom Lehrer vorgegeben werden. Den zweiten Textteil lesen die Kinder still und zeichnen mit Bleistift Schrägstriche für Pausen ein. Die Gliederung in Sinnschritte wird anschließend durch lautes Lesen überprüft. Dabei wird deutlich, dass es z. T. verschiedene Möglichkeiten gibt.

Sofie hat einen neuen Pullover
Peter Härtling[126]

Oma hat Sofie / einen Pullover geschenkt. /
Er ist knallrot / und hat einen Rollkragen. /
Sofie findet den Pullover schön.
Die werden in der Schule staunen!
Auf dem Stuhl sitzt sie ganz gerade,
damit man den Pullover auch gut sieht.
In der Pause spielt sie nicht mit,
damit der Pullover nicht schmutzig wird.
Aber keiner sagt etwas,
nicht mal Frau Heinrich.

Am nächsten Tag will sie den Pullover
nicht mehr anziehen.
„Du spinnst wohl!", sagt Sofies Mutter.
„Nein, ich spinne nicht", sagt Sofie.
„Keiner mag den Pullover."
„Wieso?", fragt Mutter.
„Keiner hat was gesagt."
„Hör mal", sagt Mutter,
„du hast mir doch erzählt:
Olli hat so schöne neue Stiefel.
Hast du ihm was dazu gesagt?"
„Nein", sagt Sofie.

Im dritten Schuljahr kann das Problem einer notwendigen Gliederung langer Zeilen nochmals gezielt bewusst gemacht werden. Dazu wird den Kindern ein Text in sehr langen Zeilen angeboten, wobei aber zunächst der Zeilensprung vermieden werden sollte.[127]

Die Einleitung zu dieser Seite macht die Kinder auf das Problem aufmerksam. Gemeinsam werden mögliche Strategien besprochen, erprobt und beurteilt:

– Wort für Wort ansehen und lesen
  (die Kinder merken, dass der Text dadurch abgehackt klingt und der Sinnzusammenhang verloren geht);

> DSCHUNGEL-ZEITUNG
>
> **Bosana Baumstark – beste Bananenbiegerin der Welt**
>
> Alle Elefanten in Salambo bewundern unsere Bosana Baumstark.
> Sie ist die beste Bananenbiegerin der ganzen Welt.
> Mit ihrem langen Rüssel pflückt sie ein Bündel Bananen.
> Dann legt Bosana Baumstark ihren Rüssel um die Bananen.
> Sie drückt sie ganz sanft und ganz lange.
> Jetzt sind alle Bananen schön gebogen.
> Oder habt ihr schon einmal gerade Bananen gesehen?

- mit den Augen immer einige Wörter auf einmal erfassen und zusammen lesen (die Kinder merken, dass manche Gruppierungen günstig, manche eher ungünstig sind);
- mit den Augen die ganze Zeile überfliegen und sie dann in Sinnschritte gegliedert lesen.

Die Kinder stellen fest, dass es am Anfang schwierig ist, größere Einheiten als Ganzes zu erfassen. Zur Übung und Erprobung erhalten sie den Text „Schwarz auf weiß" dreimal auf einem Blatt kopiert. Sie zeichnen beim ersten Text durch Schrägstriche Sinnschritte ein, die sie schon gut überschauen können, und lesen die Wortgruppen jeweils als Ganzes. Wichtig ist, dass sie nicht drauflos lesen, sondern immer erst mit den Augen den Text bis zum nächsten Schrägstrich überfliegen und dann in einem Zug den Textteil lesen. Bei den folgenden beiden Textfassungen vergrößern sie schrittweise die Einheiten, die jetzt durch den besseren Bekanntheitsgrad des Textes leichter als zusammenhängende Gruppe gelesen werden können. So wird der Lernfortschritt bewusst erfahren und auch auf dem Blatt optisch sichtbar.

Zur Anwendung und Übung sammeln und schreiben die Kinder gemeinsam weitere Beiträge für die Dschungelzeitung, auch die Lehrerin/der Lehrer kann Texte beisteuern (Beispiel s. o.). Diese Texte werden erfasst, auf Karteikarten (DIN A5 quer) geklebt und mit Folie überzogen oder in Folientaschen gesteckt. Im Rahmen der freien Arbeit können die Kinder nun „ihre" Sinnschrittgliederung mit wasserlöslichem Folienstift vornehmen und die Texte einem anderen Kind vorlesen. Zur Differenzierung können auch nach einer Übungsphase die Sinnschrittmarkierungen gelöscht werden. Spaß macht es, wenn für den Vortrag für das zuhörende Kind (Direktor der Dschungelzeitung) eine superbreite Brille und ein superbreites Kissen, für das lesende Kind eine fesche „Reportermütze" zur Verfügung stehen.

Eine besondere Schwierigkeit stellen Texte mit Zeilensprung dar. Hier muss das Kind über das Zeilenende hinweg vorausschauend lesen, um die Sinnschritte zu finden. Dies kann an Prosatexten in Verbindung mit Übungen zum Hypothesen bildenden Lesen (siehe S. 67) geübt werden. Bei Gedichten, bei denen die metrische Struktur den Leser mitreißt und ihn leicht zum Absetzen an jedem Zeilenende führt, muss besonders am Zeilensprung gearbeitet werden. Für das Vortragen sollten die Kinder neben den Pausen den Zeilensprung mit einem Bogen kennzeichnen.

Advent
Rainer Maria Rilke[128]

Es treibt der Wind im Winterwalde⌣
die Flockenherde / wie ein Hirt, /
und manche Tanne ahnt, / wie balde⌣
sie fromm und lichterheilig wird, /
und lauscht hinaus. // Den weißen Wegen⌣
streckt sie die Zweige hin – bereit //
und wehrt dem Wind und wächst entgegen⌣
der einen Nacht der Herrlichkeit.

An einem schon für den Vortrag aufbereiteten Text können gemeinsam die Zeichen (kurze Pause – lange Pause, mit der Stimme über das Zeilenende hinweg lesen) gedeutet werden. Die Kinder untersuchen die Satzstrukturen im Text und erfassen so die Zeilensprünge, die es sprecherisch umzusetzen gilt. An weiteren jahreszeitlich orientierten Texten können sie das Finden und Markieren der Zeilensprünge anwenden und die Texte für eine „Aufführung" mit dem Thema „Gedichte für das ganze Jahr" vortragen üben. In die Aufführung können jahreszeitliche Lieder, evtl. Tänze und „Kulissenbilder", die auf einer Rolle weitergedreht werden, eingefügt werden. Jedes Kind kann „sein" Gedicht in ein Klappbuch (gefaltetes Tonpapier), das außen und innen jahreszeitlich geschmückt ist, kleben und als Sprechvorlage nutzen.

Schlaflied im Sommer
Karl Krolow[129]

Nun träumen im Kleefeld die Hasen
und spitzen im Schlaf ihr Ohr.
Im Dunkel duftet der Rasen.
Es spüren mit feinen Nasen
die Füchse am Gartentor.

Nun redet im Walnussbaume
vorm Fenster der nächtliche Wind.
Nun atmen Birne und Pflaume
und wollen reifen. Im Traume
mit Händen greift sie mein Kind.

Es rufen die Uhren die Stunde
durchs schlafende Sommerhaus.
Im Hofe knurren die Hunde.
Mein Kind ruht, die Fäustchen am Munde.
Ich lösche die Kerze aus.

- **Sprecherisch Betonungen setzen und Redekerne finden**

Für einen dynamischen Vortrag, der wichtige Aussagen des Textes akzentuiert, müssen die Kinder flexibel mit Betonungen im Satz umgehen und sie gemäß der gewünschten Akzentuierung auch umsetzen können. Dazu sollte man zunächst von einem Satz ausgehen, an dem je nach Aussageabsicht verschiedene Betonungen, Akzentuierungen vorgenommen werden kön-

Gedichte vortragen

Mäusekrimi

Es war mal eine Maus,
die wollte was erleben.

Die kleine Maus ging aus,
ging trippel, trippel, trippel,
ging um das Eck.

Da stand, o Schreck, ein Kater.
Der Kater rief: „Ich fresse dich!"
Drauf rief die Maus:
„Du kriegst mich nicht!"
und lief geschwind nach Haus.

Was tat die Maus zu Haus?
Sie legte sich aufs Kanapee
und las dort einen Krimi
von einer kleinen Maus:
Die wollte was erleben.

Die kleine Maus …

Josef Guggenmos

nen. Als Ausgangspunkt für Partnerübungen bietet sich der Text von *Josef Guggenmos*[130] an.

Die Kinder erproben für den Dialog verschiedene Betonungen, die auf vorbereiteten Sprechkarten durch Unterstreichen oder farbige Hervorhebungen gekennzeichnet werden. Jedes Kind sucht sich ein Beispiel aus und spricht es vor. Die anderen müssen die passende Karte finden. Die Kinder können nun versuchen, Paare zu bilden. Gemeinsam werden passende Bewegungen, die das richtige Sprechen des Satzes unterstützen, erarbeitet. Bei „**Ich** fresse dich!" zeigt der Kater auf sich selbst und die Maus bei „**Du** kriegst mich nicht!" auf den Kater; „fresse" wird durch greifende, „kriegst" durch nach vorne gerichtete und „nicht" durch seitwärts gerichtete Handbewegungen unterstützt. Die Kinder teilen sich in eine Kater- und Mausgruppe auf und fertigen Sprechkarten mit den verschiedenen Sprechmöglichkeiten an. Sie ziehen jeweils eine ihrer Karten, lesen erst leise und sprechen dann entsprechend der Karte den Dialog.

In einem weiteren Schritt versuchen die Kinder, in einem bekannten Text schon gekennzeichnete Betonungen beim Lesen hervorzuheben. Sie erhalten dadurch ein Gespür für die sprecherische Gestaltung eines Textes. Dies erfordert wiederholtes Üben. Daher müssen dazu Texte gefunden werden, die wirklich zum Vortragen reizen. Zur Differenzierung kann der Text den Kindern natürlich auch ohne Markierungen zur Verfügung stehen. Dann bereiten sie selbst in Kleingruppen den Text schrittweise vor und zeichnen „ihre" Sprechhilfen ein.

Der witzige Text (siehe rechts), der für das vierte Schuljahr geeignet ist, spricht Kinder dadurch an, dass er die Spannung bis zum letzten Wort aufrecht erhält. Gerade weil er auf geistreiche Weise das Wort „Furz" oder „Pups" vermeidet und dennoch davon spricht, regt er die Kinder immer wieder zum Vortrag an. Er erfordert durch abgebrochene Sätze und Ausrufe, durch direkte Ansprache des Zuhörers und Äußerungen, die an den Sprecher selbst gerichtet sind, Zuhörer und einen sehr dynamischen Vortrag. Dazu gilt es, die Satzzeichen und Redekerne besonders zu beachten.

Nach der Einführung und inhaltlichen Erarbeitung des Textes tragen die Kinder zusammen, was sie alles über den Sprecher/Erzähler aussagen können, und belegen dies mit Textstellen: er traut sich nicht; er macht die Sache spannend, er zögert hinaus, spricht den Zuhörer direkt an, spricht mit sich selbst. Die Kinder erproben zunächst jedes für sich an dem ersten Absatz, die hervorgehobenen Wörter mit der Stimme besonders zu betonen. Das ist nicht einfach, sie brauchen mehrere Versuche, die vom Partner/von der Partnerin überprüft werden können. Die Versuche, die durch eine Handbewegung unterstützt werden können, werden bewusst angehört. Am Folienbild können nun auch noch gemeinsam die notwendigen Pausen, die für einen lebendigen Vortrag wichtig sind, durch einen Schrägstrich eingezeichnet werden. Jedes Kind erprobt nun selbstständig, den gesamten Text so zu sprechen, dass die spannende, verzögernde Erzählweise herauskommt. Abwechselnd tragen sich dann die Kinder jeweils einen Textteil gegenseitig vor. Sie sollten auch angeregt werden, den Text einem Familienmitglied vorzulesen. Gut kann

Tu's nicht!
Ute Andresen[131]

Da war einmal ein Drache.
Der lebte in einer ...
Na, du kannst es dir denken:
in einer Höhle natürlich,
in einer Höhle tief drinnen im ...
Du hast es dir schon gedacht:
tief drinnen im Berg.
Da lebte er, der Drache.

Und einmal hat er
in seiner Gier
so viel Lava
und glühende Steine
und Feuer
und Schwefel verschlungen –
sein Lieblingsessen,
musst du wissen –,
dass er nicht schlafen konnte,
so hat es ihn gezwackt
und gedrückt im ...

Bauch!
Ja, im Bauch.
In seinem dicken, vollen Bauch.
Und da hat er –
damit ihm leichter würde
und er schlafen könnte –
da hat er einen ...
Wie sag' ich es bloß?
Da hat er ...
Nein!
Ich kann es nicht sagen!

So was sagt man doch nicht!
Und das tut man auch nicht!
Jedenfalls nicht,
wenn man nicht allein ist.

Aber er war allein.
Und er hat es getan.
Und da gab es ein ...

der Text auch in Vierergruppen (jedes Kind übernimmt einen Absatz) z. B. anderen Kleingruppen (Eltern auf einem Elternnachmittag, anderen Klassen) vorgetragen werden. Gerade die Kleingruppe passt zum intimen Charakter des Textes.

Nach solchen Vorübungen können die Kinder am besten in Partnerarbeit mit gegenseitiger Prüfung in kurzen Texten Redekerne finden, markieren und sprechend/hörend überprüfen. Für das zweite Schuljahr eignet sich dazu von *Jürgen Spohn*[132]:

Ich nicht

Am Kuchenteller war ein Dieb
Wo ist das Stück
das übrig blieb?

Ich war's nicht
sagt das Känguru
und hält sich
seinen Beutel zu

Arbeitstechnik: Texte vortragen

 1. Ich lese still den ganzen Text.
Ich überfliege mit den Augen
den ersten Satz.

 2. Ich gliedere den Satz in Abschnitte

 3. Welche Wörter muss ich
besonders betonen?
Ich probiere es aus
und unterstreiche die Wörter.

 4. Ich überfliege den Satz
mit den Augen
und lese ihn dann
in Abschnitten mit Betonung vor

• **Lesen von Texten mit wörtlicher Rede**
Beim Vortragen von Texten mit wörtlicher Rede gilt es, die Sprechsituation lesend wiederherzustellen. Gerade bei Dialogtexten wird häufig deutlich, dass Kinder das sinnbetonte, partnerbezogene Sprechen, das sie ohne Schwierigkeiten beim freien Sprechen beherrschen, beim Lesen von Texten erst lernen und üben müssen. Dazu sollte man in einem ersten Schritt die Kinder in Kleingruppen gemäß der Anzahl der Sprecher einteilen und ihnen Textfassungen anbieten, in denen die jeweiligen Sprecher durch Farbmarkierungen, Symbole oder Vignetten gekennzeichnet sind.

Wer wohl?
Paul Maar[133]

Wer trägt ein spitzes Horn
auf seiner Nase vorn?!

Der Wendehals?

Keinesfalls!

Der Pinguin?

Wo denkst du hin!

Das Stachelschwein?

Schon wieder nein!

Dann wird es wohl
das Nashorn sein.

Der Text lebt vom Wechsel von Frage und Antwort und dem Aufschieben der „einfachen" Lösung. Damit die Satzmelodie gelingt, werden Frage und Antwort durch Armbewegungen unterstützt. Die Kinder wechseln mehrmals die Rollen und Partner. Nach diesen Vorübungen versuchen sie allein, den Text so zu lesen, dass man zwei verschiedene Sprecher wahrnimmt. Hilfreich ist dabei, wenn die Kinder sich einmal nach rechts und beim anderen Sprecher nach links drehen, um sich den Wechsel bewusst zu machen.

Schwieriger gestaltet sich das Vortragen bei Texten, bei denen ein Erzähler eingefügt ist (Beispiel S. 108). In einem ersten Schritt wird die wörtliche Rede herausgesucht und mit entsprechender Farbe oder durch Symbole gekennzeichnet. Günstig ist es, zunächst solche Texte anzubieten, bei denen die wörtliche Rede jeweils am Anfang der Zeile beginnt. Nachdem der Text einmal aufgeteilt in Erzähler und einzelne Sprecher vorgelesen wurde, versucht nun jedes Kind allein, in seinem Vortrag die Sprecher zu unterscheiden.

Die Henne und der Apfelbaum
Arnold Lobel[134]

An einem Oktobertag schaute die Henne
zum Fenster hinaus. Da sah sie
einen Apfelbaum in ihrem Garten.
„Merkwürdig", sagte die Henne.
„Ich weiß genau, dass an dieser Stelle
bisher nie ein Baum gestanden hat."
„Manche wachsen eben schnell",
antwortete der Baum.
Die Henne ließ ihren Blick
an seinem Stamm hinabgleiten.
„Ich habe noch nie einen Baum
mit zehn pelzigen Zehen gesehen",
sagte sie.
„Einige von uns sind so", sagte der Baum.
„Komm lieber heraus, Henne,
und genieße den kühlen Schatten
meiner belaubten Zweige."
Die Henne schaute zum Wipfel des Baumes hinauf.
„Ich habe noch nie einen Baum
mit zwei langen spitzen Ohren gesehen",
sagte sie.
Manche von uns haben welche",
sagte der Baum.
„Komm doch heraus, Henne,
und iss einen meiner köstlichen Äpfel."
„Da fällt mir noch etwas auf",
sagte die Henne.
„Ich habe noch nie von einem Baum gehört,
der mit einem Mund voll scharfer Zähne
spricht."
Manche von uns können das",
erwiderte der Baum.
„Komm heraus, Henne,
und lehne dich an meinen Stamm."
„Ich habe gehört, dass einige
von euch Bäumen zu dieser Jahreszeit
alles Laub verlieren", sagte die Henne.
„O ja!", sagte der Baum.
„Einige von uns tun das."
Er begann sich zu rütteln und zu schütteln
und stand plötzlich ohne Blätter da.
Die Henne war nicht überrascht,
einen riesigen Wolf an der Stelle zu sehen,
wo eben noch ein Apfelbaum
gestanden hatte.
Sie verriegelte Fenster und Türen.
Der Wolf erkannte,
dass er überlistet worden war.
In hungrigem Zorn tobte er davon.

Bei der Einführung des Textes wird herausgearbeitet, wie der Wolf und wie die Henne spricht:

Wolf: 1. Satz beschwichtigend, sachlich;
2. Satz: einschmeichelnd, bittend;
Henne: ungläubig, beharrend, auftrumpfend.

Die unterschiedliche Stimmführung von
Erzähler, Henne und Wolf kann zunächst an
den drei herausgehobenen Sätzen individuell
erprobt werden. Anschließend erhält jedes Kind

An einem Oktobertag
schaute die Henne
zum Fenster hinaus.

„Ich habe noch nie einen Baum
mit pelzigen Zehen gesehen."

„Manche von uns können das."

einen Abschnitt zum Üben mit der Aufgabe, so
zu lesen, dass man deutlich unterscheiden
kann, wer spricht. Jede Gruppe kann abschließend ihren Text den anderen vortragen,
wobei die Zuhörer jeweils gemeinsam die Überschrift und den Schlussteil des Erzählers lesen
und so auch aktiv in den Vortrag eingebunden
sind.

Anmerkungen

[1] *Bönsch, Manfred:* Üben und Wiederholen im Unterricht, 2. erweiterte und aktualisierte Auflage, München 1988, S. 53

[2] vgl. dazu *Muth, Jakob:* Üben - Können - Ausüben, in: Die Grundschulzeitschrift 17/1988, S. 6-8, der dabei auf den Begrifflichkeiten von Bollnow aufbaut; vgl. *Bollnow, Otto Friedrich:* Vom Geist des Übens, durchgesehene und erweiterte Auflage, Oberwil b. Zug 1987

[3] *Bollnow, Otto Friedrich:* Vom Geist des Übens, durchgesehene und erweiterte Auflage, Oberwil b. Zug 1987, bes. S. 28/29

[4] ebd. S. 43

[5] ebd. S. 29

[6] vgl. zum Folgenden: *Bartnitzky, Horst/Portmann, Rosemarie (Hrsg.):* Leistung der Schule - Leistung der Kinder, Reihe: Beiträge zur Reform der Grundschule, Bd. 87, Arbeitskreis Grundschule, Frankfurt 1992; *Jürgens, Eiko:* Leistungserziehung durch pädagogische Beurteilungsprozesse, in: Grundschule 2/1996, S. 8 ff.

[7] *Bollnow, Otto Friedrich:* Vom Geist des Übens, durchgesehene und erweiterte Auflage, Oberwil b. Zug 1987, S. 31

[8] *Lichtenstein-Rother, Ilse:* Leistungsbeurteilung in der Spannung zum pädagogischen Auftrag der Schule - erörtert am Beispiel ausgewählter Lernbereiche der Grundschule, in: *Olechowski, Richard /Persy, Elisabeth (Hrsg.):* Fördernde Leistungsbeurteilung, Wien/München 1987, S. 173

[9] *Bolliger, Max/Grejniec, Michael:* Augustin und die Trompete, bohem press, Zürich, Kiel, Wien, 2. Auflage 1992. Den Hinweis auf dieses Buch zum Thema Üben verdanke ich D. H. Heckt.

[10] *Bärsch, Walter:* Der Pädagoge als Anwalt des Kindes, in: Westermanns Pädagogische Beiträge 1985, S. 508

[11] vgl. *Bönsch, Manfred:* Üben und Wiederholen im Unterricht, 2. erweiterte und aktualisierte Auflage, München 1988, S. 125 f.

[12] vgl. *Lichtenstein-Rother, Ilse:* Leistungsbeurteilung in der Spannung zum pädagogischen Auftrag der Schule - erörtert am Beispiel ausgewählter Lernbereiche der Grundschule, in: *Olechowski, Richard /Persy, Elisabeth (Hrsg.):* Fördernde Leistungsbeurteilung, Wien/München 1987, bes. S. 172-176

[13] *Baumann, Siegfried:* Der Erziehungs- und Bildungsauftrag der Schule, Ansbach 1983, S. 85; vgl. zur Erfahrung des Könnens: *Bollnow, Otto Friedrich:* Vom Geist des Übens, Oberwil b. Zug 1987, bes. Kapitel IV

[14] ebd. S. 86

[15] *Schwartz, Erwin:* Leistungsmessung und Grundschulreform, in: *Bartnitzky, Horst/Portmann, Rosemarie (Hrsg.):* Leistung der Schule - Leistung der Kinder, Reihe: Beiträge zur Reform der Grundschule, Bd. 87, Arbeitskreis Grundschule, Frankfurt 1992, S. 20

[16] ebd. S. 86

[17] vgl. *Lichtenstein-Rother, Ilse/Röbe, Edeltraud:* Grundschule. Der pädagogische Raum für Grundlegung der Bildung, München, Wien, Baltimore 1982, besonders das Kapitel: Zum pädagogischen Verständnis von Leistung, S. 106 f. und *Lichtenstein-Rother, Ilse:* Leistungsbeurteilung in der Spannung zum pädagogischen Auftrag der Schule - erörtert am Beispiel ausgewählter Lernbereiche der Grundschule, in: *Olechowski, Richard /Persy, Elisabeth (Hrsg.):* Fördernde Leistungsbeurteilung, Wien/München 1987, S. 149-179

[18] vgl. dazu die differenziert und ausführlich aufgearbeitete Literatur bei *Bönsch, Manfred:* Üben und Wiederholen im Unterricht, 2. erweiterte und aktualisierte Auflage, München 1988

[19] vgl. dazu die ersten beiden Übungsgesetze von *Odenbach:*
1. Ohne Übungsbereitschaft kein Übungserfolg. Wenn nicht ein Minimum an Lernintention vorhanden ist, kann nichts erreicht werden.
2. Das Erlebnis des Erfolgs weckt neue Übungsbereitschaft.
Odenbach, Karl: Die Übung im Unterricht, überarbeitete Neuausgabe von *W. Hinrichs,* 7. Auflage, Braunschweig 1981, S. 198

[20] *Knörzer, Wolfgang:* Die psychischen Auswirkungen von Mißerfolgen in einem zentralen Schulfach, in: *Dummer, Lisa (Hrsg.):* Legasthenie. Bericht über den Fachkongreß 1984, Bundesverband Legasthenie e.V. Hannover 1985, S. 50-67

[21] ebd. S. 53

[22] ebd. S. 52

[23] vgl. *Bärsch, Walter:* Der Pädagoge als Anwalt des Kindes, in: Westermanns Pädagogische Beiträge 1985, S. 508

[24] vgl. *Köhler, Rosemarie:* Über den Zauberspruch „macht nix", in: Grundschule 9/1995, S. 61

[25] *Vester, Frederic:* Denken, Lernen, Vergessen, 10. Auflage München 1983, S. 125 (1. Aufl. 1975)
[26] vgl. *Treder, Hildburg:* Lesefreude durch gemeinsames Gestalten eines Leseumfeldes im Klassenraum, in: Die Grundschulzeitschrift 17/1988, S. 11–13
[27] vgl. die 3. These zum Schriftspracherwerb in: *Dehn, Mechthild:* Zeit für die Schrift, Bochum 1988, S. 16
[28] *Sandfuchs, Uwe:* Immer wieder vernachlässigt: Arbeitstechniken, in: Praxis Schule 5–10, 6/1993, S. 6–8
[29] ebd. S. 8
[30] *May, Peter:* Schriftaneignung als Problemlösen, Europäische Hochschulschriften: Reihe 11, Pädagogik, Bd. 303, Frankfurt/M., Bern, New York 1986, S. 181
[31] vgl. *Köhler, Rosemarie:* Über den Zauberspruch „macht nix", in: Grundschule 9/1995, S. 61
[32] vgl. *Lichtenstein-Rother, Ilse:* Leistungsbeurteilung in der Spannung zum pädagogischen Auftrag der Schule – erörtert am Beispiel ausgewählter Lernbereiche der Grundschule, in: *Olechowski, Richard / Persy, Elisabeth (Hrsg.):* Fördernde Leistungsbeurteilung, Wien/München 1987, S. 174
[33] *Weidenmann, Bernd:* Psychologie des Lernens mit Medien, in: *Weidenmann, Bernd/ Krapp, Andreas u. a. (Hrsg.):* Pädagogische Psychologie, München, Weinheim 1986, S. 511
[34] *Vester, Frederic:* Denken, Lernen, Vergessen, 10. Auflage München 1983, S. 121 (1. Aufl. 1975)
[35] vgl. *Odenbach, Karl:* Die Übung im Unterricht, Braunschweig 1963 und *Odenbach, Karl:* Die Übung im Unterricht, überarbeitete Neuausgabe von *Wolfgang Hinrichs,* 7. Auflage, Braunschweig 1981, Anhang S. 199
[36] vgl. Grundschule 11/1994 zum Thema „Arbeitsmittel", wo an mehreren Beispielen Veränderungen der Arbeitsmittel durch die Kinder beschrieben werden.
[37] vgl. das Übungsgesetz von *Odenbach:* „Wenn auch jüngere Kinder in monotoner Weise lange üben können, so weckt doch ganz allgemein der Wechsel der Übungsformen neue Übungsbereitschaft und bringt daher auch größeren Übungserfolg. Übungen ohne Abwechslung führen zur Übersättigung und damit zum Erlöschen der Übungsbereitschaft." *Odenbach, Karl:* Die Übung im Unterricht, überarbeitete Neuausgabe von *Wolfgang Hinrichs,* 7. Auflage, Braunschweig 1981, Anhang S. 202
[38] *Odenbach, Karl:* Die Übung im Unterricht, überarbeitete Neuausgabe von *Wolfgang Hinrichs,* 7. Auflage, Braunschweig 1981, Anhang S. 198
[39] vgl. *Vester, Frederic:* Denken, Lernen, Vergessen, 10. Auflage München 1983, bes. S. 124 (1. Aufl. 1975)
[40] *Odenbach, Karl:* Die Übung im Unterricht, überarbeitete Neuausgabe von *Wolfgang Hinrichs,* 7. Auflage, Braunschweig 1981, Anhang S. 202
[41] *Heuß, Gertraud E.:* Woran liegt es, daß unsere Kinder so wenig lesen?, in: Grundschule 10/1986, S. 15
[42] vgl. *Brügelmann, Karin:* Frederik und die Wörtersammler, in: *Brügelmann, Hans/Richter, Sigrun (Hrsg.):* Wie wir recht schreiben lernen, Lengwil 1994, S. 177 ff., bes. S. 182
[43] *Wells, Gordon:* Vorleser: Eltern, Lehrer, Kinder, übersetzt von *Heiko Balhorn,* in: *Balhorn, Heiko/Brügelmann, Hans (Hrsg.):* Welten der Schrift in der Erfahrung der Kinder, Konstanz 1987, S. 28
[44] Lesesozialisation. Eine Studie der Bertelsmannstiftung, Bd. 1, *Hurrelmann, Bettina/Hammer, Michael/Nieß, Ferdinand:* Leseklima in der Familie, Gütersloh 1993, S. 78, vgl. auch S. 135 ff.
[45] *Bambach, Heide:* Erfundene Geschichten erzählen es richtig. Lesen und Leben in der Schule, 2. Auflage Bottighofen am Bodensee 1993
[46] vgl. *Balhorn, Heiko:* Reading is Fundamental, in: Die Grundschulzeitschrift 22/1989, S. 10
[47] vgl. zu Kriterien der Lesbarkeit: *Bamberger, Richard/Vanecek, Erich:* Lesen – Verstehen – Lernen – Schreiben. Die Schwierigkeitsstufen von Texten in deutscher Sprache, Wien 1984
[48] vgl. dazu die Textumgangsformen: Gedichte vortragen, Texte vortragen, in: *v. Wedel-Wolff u. a. (Hrsg.):* Mobile Lesebuch Bd. 2, 3 und 4, Westermann Schulbuchverlag, Braunschweig 1990 ff.
[49] Idee und Material für diese Kopiervorlage: *v. Wedel-Wolff, Annegret/Wespel, Manfred:* Mobile Sprachbuch 2, Westermann Schulbuchverlag, Braunschweig 1991
[50] *Ruck-Pauquèt, Gina/Hoffmann, Eckhard:* Eine Handvoll Katze, Ravensburg 1979;

Ruck-Pauquèt, Gina: Das Mädchen und die Katze, Frankfurt 1982

[51] *Korschunow, Irina:* Steffis roter Luftballon, 3. Auflage Köln 1981

[52] *Blum-Lederer, Elke:* Aller Anfang ist leicht ..., in: Grundschule 2/1988, S. 10 ff.

[53] *Braun, Georg:* Wie Kinder ihre Bücher sehen, in: 5. Almanach der Kinder- und Jugendliteratur. Lieber lesen, hrsg. von *Hans Gärtner*, München/Salzburg 1988, S. 150 ff.

[54] vgl. ebd.

[55] *Hurrelmann, Bettina:* Leseförderung, in: Praxis Deutsch 127/1994, S. 25

[56] *Niemann, Heide:* Fürs Lesen interessieren, in: Grundschule 6/1995, S. 17

[57] *Dehn, Mechthild:* Zeit für die Schrift, Bochum 1988, S. 10

[58] *Conrady, Peter:* Texte für Kinder - um sie zum Lesen zu verlocken. Lesespaß für Kinder (1. Teil), in: Grundschule 9/1994;
ders.: Unterricht, der Kinder zum Lesen verlockt. Lesespaß für Kinder (2. Teil), in: Grundschule 12/1994;
Sengelhoff, Barbara: Und ich kann doch lesen. Lesespaß für Kinder (3. Teil), in: Grundschule 6/1995;
Haupt, Dagmar: Mit Kindern lesen. Lesespaß für Kinder (4. Teil), in: Grundschule 11/1995;
vgl. *Conrady, Peter (Hrsg.):* Zum Lesen verlocken. Klassenlektüre für die Klassen 1-4, Würzburg 1985, 6. überarbeitete Auflage 1994;
vgl. *Bamberger, Richard/Vanecek, Erich:* Lesen - Verstehen - Lernen - Schreiben. Die Schwierigkeitsstufen von Texten in deutscher Sprache, Wien 1984

[59] s. Anm. 58

[60] *Peter Conrady* hat vielfältige Vorschläge zum Umgang mit Büchern zusammengestellt, die in unserem Zusammenhang nicht mehr alle auf- und ausgeführt werden. Conrady, Peter: Kinderbücher - Freizeitmedium, auch fürs Lernen in der Schule, in: *Haarmann, Dieter (Hrsg.):* Handbuch Grundschule, Bd. 2, S. 59-67

[61] Diese Briefe wurden von Studierenden an der Pädagogischen Hochschule Schwäbisch Gmünd entworfen. Ich danke den Studierenden für die Anregungen.

[62] Es ist günstig, sich nach und nach an der Schule eine kleine Kartei zu Kinderbuchautorinnen und -autoren mit Foto und für Kinder verständlich geschriebenem Lebenslauf sowie eine Auswahl von Buchtiteln und evtl. Klappentexten und Textauszügen anzulegen. Die Reihe „Lesespaß für Kinder" (s. Anm. 58) bietet dazu einen Grundstock an.

[63] *Niemann, Heide:* Pippi Langstrumpf gehört einfach dazu, in: Grundschule 1/1991, S. 22

[64] *Hurrelmann, Bettina:* Leseförderung, in: Praxis Deutsch 127/1994, S. 26

[65] Die Idee stammt von *Kornelia Mickert,* Bühlerzell.

[66] zitiert nach *Kaminski, Winfred:* Elternhaus und Leseverhalten, in: Grundschule 1/1989, S. 59; Bezug: *Köcher, Renate:* Familie und Lesen. Eine Untersuchung über den Einfluß des Elternhauses auf das Leseverhalten, in: Archiv für Soziologie und Wirtschaftsfragen des Buchhandels LXIII, Frankfurt 1988, W 2273 - W 2364

[67] Das Verfahren wird beispielhaft gezeigt an: *Brüder Grimm:* Der arme Müllerbursch und das Kätzchen. Nacherzählt von *Gisela Buck.* Mit Bildern von *Werner Maurer,* Frankfurt, Diesterweg 1982

[68] vgl. dazu das Lesespiel eines Schülers zu dem Kinderbuch „Die Insel der tausend Gefahren" von *Edward Packard,* in: *Schott, Constanze:* Die Insel der 1000 Gefahren, in: Praxis Grundschule Heft 4/1993

[69] vgl. *Rübsamen, Britta/Erner, Jens:* Ist das Lesebuch passé? in: Grundschule 12/1993 (1. Teil), Grundschule 2/1994 (2. Teil)

[70] Die Leseröllchen vom Freiarbeitsverlag nehmen diese Spielform, allerdings ohne den Bezug zur Spracharbeit, mit Aufgaben für das zweite bis vierte Schuljahr auf.

[71] *Roggeveen, Leonard:* Jan-Jaap, der kleine Holländer, in: *Roggeveen, Leonard:* Jan-Jaap findet Freunde, Wien und Heidelberg 1965, abgedruckt in: *v. Wedel-Wolff, Annegret u. a. (Hrsg.):* Mobile Lesebuch 2, Braunschweig 1990, S. 28

[72] *Wölfel, Ursula: Die* Geschichte vom Ferkelchen, aus: *Wölfel, Ursula:* 27 Suppengeschichten, © 1968 by K. Thienemanns Verlag, Stuttgart-Wien-Bern, abgedruckt in: *v. Wedel-Wolff, Annegret u. a. (Hrsg.):* Mobile Lesebuch 2, Braunschweig 1990, S. 32

[73] vgl. *Seidel, Günter:* Wie fange ich an im 1. Schuljahr?, in: Grundschule 6/1986, S. 48; vgl. auch Praxis Grundschule 5/1995

[74] vgl. *Scheerer-Neumann, Gerheid:* Leseanalyse und Leseförderung: ein Tandem, in: Grundschule 4/1995, S. 9

[75] vgl. *Grissemann, Hans:* Förderdiagnostik von Lernstörungen, Bern, Stuttgart, Toronto 1990. *Grissemann* erläutert dort das Redundanzmodell mit den Informationsquellen ausführlich an einzelnen Beispielen, s. bes. S. 23 ff.

[76] Das Beispiel stammt von *Lothar Schmitt*. *Schmitt, Lothar:* Konzept zur Förderung „nicht lesender" Schüler der Mittel- und Oberstufe der Schule für Lernbehinderte, in: *Eberle, Gerhard/ Reiß, Günther (Hrsg.):* Probleme beim Schriftspracherwerb, Heidelberg 1987, S. 312

[77] *Goodman, Kenneth S.:* Die psycholinguistische Natur des Leseprozesses, in: *Hofer, Adolf (Hrsg.):* Lesenlernen: Theorie und Unterricht, Düsseldorf 1976, S. 139 ff.

[78] *Brügelmann, Hans:* Taktiken des Lesens – Zugriffsweisen im Leseprozeß, in: *Ritz-Fröhlich, Gertrud (Hrsg.):* Lesen im 2.-4. Schuljahr, Bad Heilbrunn 1981, S. 81 ff.

[79] *Gross, Sabine:* Lesezeichen, Darmstadt 1994, S. 19 ff.

[80] *Gross, Sabine:* Lesezeichen, Darmstadt 1994, S. 12

[81] vgl. im Folgenden die 1. These von *Mechthild Dehn:* „Lesenlernen ist mehr als die Kenntnis der Buchstaben und die Aneignung der Synthese. Die zentrale Tätigkeit des Kindes beim Lesenlernen entspricht der beim Problemlösen. Lesenlernen heißt für das Kind Problemlösen – die meisten Kinder bewältigen diese Aufgabe allerdings mit Leichtigkeit." *Dehn, Mechthild:* Zeit für die Schrift, Bochum 1988, S. 16

[82] vgl. zur Kritik an den Entwicklungsmodellen: *Dehn, Mechthild:* Die Zugriffsweisen „fortgeschrittener" und „langsamer" Lese- und Schreibanfänger: Kritik am Konzept der Entwicklungsstufen, in: *Sandhaas, Bernd/Schneck, Peter (Hrsg.):* Lesenlernen – Schreibenlernen. Beiträge zu einer interdisziplinären Wissenschaftstagung aus Anlaß des internationalen Alphabetisierungsjahres, Bregenz 4.-7. Nov. 1990, Österreichische UNESCO-Kommission, Wien und Deutsche UNESCO-Kommission, Bonn 1991; *Wimmer, Heinz/Klampfer, Barbara/ Frith, Uta:* Lesenlernen bei englischen und deutschen Kindern, in: *Balhorn, Heiko/Brügelmann, Hans (Hrsg.):* Bedeutungen erfinden – im Kopf, mit Schrift und miteinander, Konstanz 1993, S. 324 ff.

[83] *Scheerer-Neumann, Gerheid:* Entwicklungsprozesse beim Lesenlernen: eine Fallstudie, in: *Beck, Manfred (Hrsg.):* Schriftspracherwerb – Lese-Rechtschreibschwäche, Tübingen 1989, S. 15 ff.;
dies.: Lesestrategien und ihre Entwicklung im 1. Schuljahr, in: Grundschule 10/1990, S. 20 ff.;
dies.: Sa: Sa:tä:l Sattel: Leseprotokolle unter der Lupe, in: *Brügelmann, Hans/Balhorn, Heiko (Hrsg.):* Das Gehirn, sein Alfabet und andere Geschichten, Konstanz 1990, S. 258 ff.

[84] Das Beispiel stammt von *Claudia Crämer,* Schwäbisch Gmünd.

[85] Das Beispiel stammt von *Heidrun Schaumann*, Grundschule Braunsbach.

[86] *Scheerer-Neumann, Gerheid:* Entwicklungsprozesse beim Lesenlernen: eine Fallstudie, in: *Beck, Manfred (Hrsg.):* Schriftspracherwerb – Lese-Rechtschreibschwäche, Deutsche Gesellschaft für Verhaltenstherapie, Tübingen 1989, S. 37

[87] vgl. dazu: *Brügelmann, Hans:* Taktiken des Lesens – Zugriffsweisen im Leseprozeß, in: *Ritz-Fröhlich, Gertrud (Hrsg.):* Lesen im 2.-4. Schuljahr, Bad Heilbrunn 1981, S. 85

[88] vgl. dazu: *Schneider, Wolfgang/Brügelmann, Hans/Kochan, Barbara:* Lesen- und Schreibenlernen in neuer Sicht: Vier Perspektiven auf den Stand der Forschung, in: *Brügelmann, Hans/Balhorn, Heiko (Hrsg.):* Das Gehirn, sein Alfabet und andere Geschichten, Konstanz 1990, S. 220 ff.; *Brügelmann, Hans/Richter, Sigrun (Hrsg.):* Wie wir recht schreiben lernen, Lengwil 1994

[89] vgl. zur Ausbildung von Interessen: Grundschule 6/1995

[90] *v. Wedel-Wolff, Annegret u. a. (Hrsg.):* Mobile Lesebuch 2, Westermann Schulbuchverlag, Braunschweig 1990; Mobile Lesebuch 3, Westermann Schulbuchverlag, Braunschweig 1991; Mobile Lesebuch 4, Westermann Schulbuchverlag, Braunschweig 1992. Das „Rühr-mich-an-Zimmer" wurde gestaltet von *Hildegard Müller;* die Seite „Fernschreiben" von *Angelika Schuberg*.

[91] vgl. *Stegmeier, Christel/Trautmann-Böhm, Jutta:* Mobile-Spiele 2, Westermann Schulbuchverlag, Braunschweig 1996

[92] *Steck, Andrea:* Lesediagnose in der Grundschule – Ein Modell zur individuellen, differenzierten Förderung von Kindern mit Leseschwierigkeiten. Unveröffentlichte wissenschaftliche Hausarbeit zur Ersten Staatsprüfung für das Lehramt an Grund- und Hauptschulen an der

Päd. Hochschule Schwäbisch Gmünd, Schwäbisch Gmünd 1994

[93] Leseübungen, die in dieser Weise integriert angeboten werden könnten, finden sich in: *Menzel, Wolfgang:* Leseübungen für die Grundschule, Westermann Schulbuchverlag, Braunschweig 1990

[94] *Müller, Heiner:* Lesen in Wortfeldern II. Bergedorfer Klammerkarten, Verlag Sigrid Persen, Horneburg 1990

[95] *v. Wedel-Wolff, Annegret u. a. (Hrsg.):* Mobile Lesebuch 2, Westermann Schulbuchverlag, Braunschweig 1990; Grafik: *Hildegard Müller*

[96] *Moser, Erwin:* Diese Maus heißt Friederich, 1990 Beltz Verlag, Weinheim und Basel, Programm Beltz und Gelberg, Weinheim

[97] *Hüttis, Petra:* Tobi macht Fehler. Was nun?, in: Grundschule 10/1985, S. 24; Kopiervorlagen finden sich in: Grundschulzeitschrift 57/1992, S. 74/75 und Grundschulzeitschrift 59/1992, S. 62-64

[98] Werschenberger Sprachfibeln. Mappen A-D. Zu beziehen bei: AWOS – Oldenburg. Montage und Vertriebs GmbH, Bäkeplacken 25-27, 26129 Oldenburg

[99] vgl. dazu Untersuchungsergebnisse in: *Zielinski, Werner:* Wörterlesen. Unterschiede zwischen ungeübten und fortgeschrittenen Lesern in einem Laborexperiment, in: *Balhorn, Heiko/Brügelmann, Hans (Hrsg.):* Welten der Schrift in der Erfahrung der Kinder, Konstanz 1987, S. 246 ff., bes. S. 250

[100] aus: *Machfus, Nagib:* Zwischen den Palästen, Zürich 1992, S. 361

[101] vgl. dazu Untersuchungsergebnisse in: *Zielinski, Werner:* Wörterlesen. Unterschiede zwischen ungeübten und fortgeschrittenen Lesern in einem Laborexperiment, in: *Balhorn, Heiko/Brügelmann, Hans (Hrsg.):* Welten der Schrift in der Erfahrung der Kinder, Konstanz 1987, S. 246 ff., bes. S. 252

[102] vgl. *Günther, Klaus-B.:* Kompensatorische und alternative Methoden für den Schriftspracherwerb bei lernbehinderten und sprachentwicklungsgestörten Kindern: Anmerkungen zur Bedeutung der Silbe, in: *Eberle, Gerhard/Reiß, Günter (Hrsg.):* Probleme beim Schriftspracherwerb, Heidelberg 1987, S. 338 ff.;
vgl. *Schmitt, Lothar:* Konzept zur Förderung „nicht lesender" Schüler der Mittel- und Oberstufe der Schule für Lernbehinderte, in: *Eberle, Gerhard/Reiß, Günter* (Hrsg.): Probleme beim Schriftspracherwerb, Heidelberg 1987, S. 30 ff.;
vgl. *Scheerer-Neumann, Gerheid:* Prozeßanalyse der Leseschwäche, in: *Valtin, Renate/Jung, Udo O./Scheerer-Neumann, Gerheid:* Legasthenie in Wissenschaft und Unterricht, Darmstadt 1981, S. 183 ff.;
vgl. *Kossow, Hans-Joachim:* Zur Therapie der Lese-Rechtschreibschwäche, Berlin 1975

[103] vgl. *Dehn, Mechthild:* Zeit für die Schrift, Bochum 1988, S. 190 ff.;
vgl. *May, Peter:* Schriftaneignung als Problemlösen, Europäische Hochschulschriften: Reihe 11, Pädagogik, Bd. 303, Frankfurt/M., Bern, New York 1986;
vgl. ders.: Hamburger Leseprobe, hrsg. von der Freien und Hansestadt Hamburg, Behörde für Schule, Jugend und Berufsbildung, Amt für Schule, Referat S 13/11, Hamburg 1992, bes. S. 18, 21;
Grissemann, Hans: Förderdiagnostik von Lernstörungen, Bern, Stuttgart, Toronto 1990

[104] z. B. *Andresen, Ute:* ABC und alles auf der Welt, © by Ravensburger Buchverlag 1984;
Baumann, Ruth: ABC-Geschichten. Kopiervorlagen, Verlag Margot Herbert, Reutlingen o. J.;
Kohl, Eva Maria: Tier-ABC, Volk und Wissen Verlag, Berlin 1994;
Kruse, Max: Das bunte ABC, Franz Schneider Verlag, München 1982;
Maar, Paul: Dann wird es wohl das Nashorn sein, 1988 Beltz Verlag, Weinheim und Basel (TB), Programm Beltz & Gelberg, Weinheim;
Maar, Paul: Tier-ABC, Verlag Friedrich Oetinger, Hamburg 1983;
Menzel, Wolfgang: Das ist Familie Krakelmann, Münster 1988;
Moser, Erwin: Das Katzen-ABC, 1985 Beltz Verlag, Weinheim und Basel, Programm Beltz und Gelberg, Weinheim

[105] *Menzel, Wolfgang:* Das ist Familie Krakelmann, Münster 1988; abgedruckt in: *v. Wedel-Wolff, Annegret u. a. (Hrsg.):* Mobile Lesebuch 2, Westermann Schulbuchverlag, Braunschweig 1990

[106] Diese Texte entstanden in Zusammenarbeit von *Manfred Wespel* mit Kindern auf einer Veranstaltung der Stadtbibliothek Schwäbisch Gmünd.

[107] Diese Grundidee stammt von *Claudia Crämer.*

[108] Leseturm, Beenen Verlag, Alpen Veen. Es gibt Turmfüllungen mit zwei- und dreisilbigen Wörtern sowie Blankokarten zum Beschriften.

[109] Silbenbüchlein Kl. 1-4, Freiarbeits-Verlag, Lichtenau

[110] Diese Grundidee stammt von *Brigitte Bosch*, Freiburg;
vgl. auch: *Brinkmann, Erika/Berens, Hedi*: Wer hat den Text zum Bild?, in: Die Grundschulzeitschrift 75/1994

[111] *Moser, Erwin:* Was macht der Bär?, 1990 Beltz Verlag, Weinheim und Basel, Programm Beltz & Gelberg, Weinheim

[112] *Guggenmos, Josef:* Die Kiste an der Küste, aus: Ich will dir was verraten, 1992 Beltz Verlag, Weinheim und Basel, Programm Beltz & Gelberg, Weinheim

[113] *v. Wedel-Wolff, Annegret:* Lernkartei Deutsch 2, Westermann Schulbuchverlag, Braunschweig 1988

[114] *Künzler-Behnke, Rosemarie:* A & B, in: *Christen, Viktor/Wulff, Jürgen (Hrsg.):* Schnick Schnack Schabernack, Oldenburg und Hamburg o. J.

[115] Viele Erzählbilder finden sich in „spiel mit", der Kinderbeilage in der Zeitschrift „spielen und lernen" vom Velber Verlag. Sie werden auch in den Jahrbüchern „spielen und lernen" abgedruckt. Das Beispiel ist entnommen aus: Jahrbuch für Kinder. spielen und lernen, Velber 1994; Grafik: *Barbara Moßmann*. Gut geeignet sind auch die textfreien Bilderbücher von *Ali Mitgutsch*, die es auch als Maxibücher gibt, z. B. *Mitgutsch, Ali*: Rundherum in meiner Stadt; Komm mit ans Wasser; Bei uns im Dorf, © by Ravensburger Buchverlag

[116] *v. Wedel-Wolff, Annegret u. a. (Hrsg.):* Mobile Lesebuch 3, Westermann Schulbuchverlag, Braunschweig 1991

[117] *Kusenberg, Kurt:* Kombi Wörter, in: *Gelberg, Hans Joachim (Hrsg.):* Am Montag fängt die Woche an, Weinheim 1973

[118] vgl. *Hofer, Adolf:* Lesediagnose in der Grundschule, in: *Neumann, Hans-Joachim (Hrsg.):* Der Deutschunterricht in der Grundschule, Bd. 1, Freiburg, Basel, Wien, 4. neubearbeitete Auflage 1979, S. 130; vgl. das Kapitel Lernbeobachtungen in: *Dehn, Mechthild:* Zeit für die Schrift, Bochum 1988

[119] vgl. dazu *Scheerer-Neumann, Gerheid:* Leseanalyse und Leseförderung: ein Tandem, in: Grundschule 4/1995, S. 11

[120] Die Richtwerte unterscheiden sich je nach Autor:
Biglmaier: Kl. 1: 40 W/Min., Kl. 2: 80 W/Min., Kl. 3: 100 W/Min., Kl. 4: 120 W/Min.
Topsch: Ende des Leselehrgangs 30-50 W/Min. Das Lesetempo darf nicht unter 2 Sek./Wort absinken.
Bamberger: Kl. 1: 60 W/Min., Kl. 2: 90 W/Min., Kl. 3: 120 W/Min., Kl. 4: 150 W/Min.

[121] Die Leseproben wurden im Förderunterricht von *Heidrun Schaumann*, Grundschule Braunsbach aufgenommen.
Text: *Wölfel, Ursula*: Die Geschichte vom Floh und dem Affen, in: *Wölfel, Ursula*: Zwanzig Lachgeschichten, Hoch-Verlag, Düsseldorf 1969

[122] *Wölfel, Ursula:* Die Geschichte vom Ferkelchen, aus: *Wölfel, Ursula:* 27 Suppengeschichten, © 1968 by K. Thienemanns Verlag, Stuttgart-Wien-Bern; in dieser Form aufbereitet in: *v. Wedel-Wolff, Annegret u. a. (Hrsg.):* Mobile Lesebuch 2, Westermann Schulbuchverlag, Braunschweig 1990; Grafik: *G. J. W. Vieth*. Weitere Texte in: *Wölfel, Ursula:* 28 Lachgeschichten, Hoch-Verlag, Stuttgart 1969

[123] *Berger, Eleonora:* Mäuschen vor dem Häuschen, Obelisk Verlag, Wien 1971, Lizenzausgabe für Deutschland und die Schweiz beim Boje-Verlag, Stuttgart; besonders geeignet sind daraus: „Mäuschen vor dem Häuschen", S. 5 ff.; „Wer ist am stärksten?", S. 56 ff.; „Haselnuß, der Räuberhauptmann", S. 60 ff.

[124] Beispiele aus einem „Dino-Buch" von Marco Speck, Grundschule Hauingen

[125] *Lindgren-Enskog, Barbro:* Das fremde Mädchen, aus: *Lindgren-Enskog, Barbro:* Die Geschichte vom kleinen Onkel, Übersetzung: *Angelika Kutsch*, Verlag Friedrich Oetinger, Hamburg 1986

[126] *Härtling, Peter:* Sofie hat einen neuen Pullover, aus: *Härtling, Peter:* Sofie macht Geschichten, 1980 Beltz Verlag, Weinheim und Basel, Programm Beltz und Gelberg, Weinheim

[127] *v. Wedel-Wolff, Annegret u. a. (Hrsg.):* Mobile Lesebuch 3, Westermann Schulbuchverlag, Braunschweig 1991; Grafik: *Angelika Schuberg*

[128] *Rilke, Rainer Maria:* Advent, aus: *Rilke, Rainer Maria*: Gesammelte Werke, Band 1, Insel Verlag Anton Kippenberg, Leipzig 1927; in dieser Form aufbereitet in: *v. Wedel-Wolff, Annegret u. a. (Hrsg.):* Mobile Lesebuch 4, Westermann Schulbuchverlag, Braunschweig 1992

[129] *Krolow, Karl:* Schlaflied im Sommer (mit freundlicher Genehmigung des Autors)

[130] *Guggenmos, Josef:* Mäusekrimi, aus: *Guggenmos, Josef:* Wer braucht tausend Schuhe?, mit freundlicher Genehmigung des Franz Schneider Verlag, München 1993; in dieser Form aufbereitet in: *v. Wedel-Wolff, Annegret u. a. (Hrsg.):* Mobile Lesebuch 2, Westermann Schulbuchverlag, Braunschweig 1990, Grafik: *G. J. W. Vieth*
[131] *Andresen, Ute:* Tu's nicht!, aus: *Andresen, Ute/Popp, Monika:* Bruder Löwenzahn und Schwester Maus. © by Ravensburger Buchverlag, Otto Maier GmbH, 1989; in dieser Form aufbereitet in: *v. Wedel-Wolff, Annegret u. a. (Hrsg.):* Mobile Lesebuch 4, Westermann Schulbuchverlag, Braunschweig 1992, Grafik: *G. J. W. Vieth*
[132] *Spohn, Jürgen:* Drunter und drüber. Verse zum Vorsagen, Nachsagen, Weitersagen, München 1980
[133] *Maar, Paul:* Wer wohl?, aus: *Maar, Paul:* Dann wird es wohl das Nashorn sein, 1988 Beltz Verlag, Weinheim und Basel (TB), Programm Beltz und Gelberg, Weinheim; in dieser Form aufbereitet in: *v. Wedel-Wolff, Annegret u. a. (Hrsg.):* Mobile Lesebuch 2, Westermann Schulbuchverlag, Braunschweig 1990, Grafik: *G. J. W. Vieth*
[134] *Lobel, Arnold:* Die Henne und der Apfelbaum, aus: *Lobel, Arnold,* Das Krokodil im Schlafzimmer und andere fabelhafte Geschichten, Lappan Verlag, Oldenburg 1986; aufbereitet in: *v. Wedel-Wolff, Annegret u. a. (Hrsg.):* Mobile Lesebuch 3, Westermann Schulbuchverlag, Braunschweig 1991, Grafik: *G. J. W. Vieth*

Literaturverzeichnis

Balhorn, Heiko: Reading is Fundamental, in: Die Grundschulzeitschrift 22/1989

Bambach, Heide: Erfundene Geschichten erzählen es richtig. Lesen und Leben in der Schule, 2. Aufl. Bottighofen am Bodensee 1993

Bamberger, Richard/Vanecek, Erich: Lesen - Verstehen - Lernen - Schreiben. Die Schwierigkeitsstufen von Texten in deutscher Sprache, Wien 1984

Bärsch, Walter: Der Pädagoge als Anwalt des Kindes, in: Westermanns Pädagogische Beiträge 1985, S. 507 ff.

Bartnitzky, Horst/Portmann, Rosemarie (Hrsg.): Leistung der Schule - Leistung der Kinder, Reihe: Beiträge zur Reform der Grundschule Bd. 87, Arbeitskreis Grundschule, Frankfurt 1992

Baumann, Siegfried: Der Erziehungs- und Bildungsauftrag der Schule. Ein Handbuch für Studium und Schulpraxis, hrsg. von Ludwig W. Müller, Ansbach 1983

Birkenbihl, Vera F.: Stroh im Kopf? Oder: Gebrauchsanweisung fürs Gehirn, hrsg. von Hardy Wagner, 7. überarb. Aufl., Speyer 1990

Blum-Lederer, Elke: Aller Anfang ist leicht ..., in: Grundschule 2/1988, S. 10 ff.

Bollnow, Otto Friedrich: Vom Geist des Übens, durchges. u. erw. Aufl., Oberwil 1987

Bönsch, Manfred: Üben und Wiederholen im Unterricht, 2. erw. und aktualis. Aufl., München 1988

Braun, Georg: Wie Kinder ihre Bücher sehen, in: 5. Almanach der Kinder- und Jugendliteratur. Lieber lesen, hrsg. von Hans Gärtner, München, Salzburg 1988, S. 150 ff.

Brügelmann, Karin: Frederick und die Wörtersammler, in: Brügelmann, Hans/Richter, Sigrun (Hrsg.): Wie wir recht schreiben lernen, Lengwil 1994, S. 177 ff.

Brügelmann, Hans: Taktiken des Lesens - Zugriffsweisen im Leseprozeß, in: Ritz-Fröhlich, Gertrud (Hrsg.): Lesen im 2.-4. Schuljahr, Bad Heilbrunn 1981, S. 81 ff.

Conrady, Peter (Hrsg.): Zum Lesen verlocken. Klassenlektüre für die Klassen 1-4, Würzburg 1985, 6. überarb. Aufl. 1994

Conrady, Peter: Texte für Kinder - um sie zum Lesen zu verlocken. Lesespaß für Kinder (1. Teil), in: Grundschule 9/1994

Conrady, Peter: Unterricht, der Kinder zum Lesen verlockt. Lesespaß für Kinder (2. Teil), in: Grundschule 12/1994

Conrady, Peter: Kinderbücher - Freizeitmedium, auch fürs Lernen in der Schule, in: Haarmann, Dieter (Hrsg.): Handbuch Grundschule, Bd. 2, Weinheim und Basel 1993, S. 59-67

Eberle, Gerhard/Reiß, Günter (Hrsg.): Probleme beim Schriftspracherwerb, Heidelberg 1987

Eisenhut, Georg/Heigl, Josef/Zöpfl, Helmut: Üben und Anwenden. Zur Funktion und Gestaltung der Übung im Unterricht, Bad Heilbrunn 1981

Gärtner, Hans: Übung, in: Becher, Hans Rudolf (Hrsg.): Taschenbuch des Grundschulunterrichts, Baltmannsweiler 1981, S. 243 ff.

Goodman, Kenneth S.: Die psycholinguistische Natur des Leseprozesses, in: Hofer, Adolf (Hrsg.): Lesenlernen: Theorie und Unterricht, Düsseldorf 1976, S. 139 ff.

Götze, Barbara: Üben, in: Keck, Rudolf W./Sandfuchs, Uwe (Hrsg.): Wörterbuch Schulpädagogik, Bad Heilbrunn 1994

Grissemann, Hans: Förderdiagnostik von Lernstörungen, Bern, Stuttgart, Toronto 1990

Gross, Sabine: Lese-Zeichen. Kognition, Medium, Darmstadt 1994

Grundschule, 1/1981 (Wir üben - eine vergessene Selbstverständlichkeit), Braunschweig

Grundschule, 10/1990 (Üben: langweilig? notwendig? erfolgreich?), Braunschweig

Grundschule, 11/1994 („Arbeitsmittel"), Braunschweig

Die Grundschulzeitschrift, 17/1988 (Üben – Können – Ausüben)

Haupt, Dagmar: Mit Kindern lesen. Lesespaß für Kinder (4. Teil), in: Grundschule 11/1995

Heuß, Gertraud E.: Woran liegt es, daß unsere Kinder so wenig lesen?, in: Grundschule 10/1986

Hofer, Adolf: Lesediagnose in der Grundschule, in: Neumann, Hans-Joachim (Hrsg.): Der Deutschunterricht in der Grundschule, Bd. 1, Freiburg, Basel, Wien, 4. neubearbeitete Aufl. 1979, S. 130

Hurrelmann, Bettina: Leseförderung, in: Praxis Deutsch, 127/1994

Hüttis, Petra: Tobi macht Fehler. Was nun?, in: Grundschule 10/1985, S. 24; Kopiervorlagen dazu in: Die Grundschulzeitschrift 57/1992, S. 74/75 und Die Grundschulzeitschrift 59/1992, S. 62.-64

Jürgens, Eiko: Leistungserziehung durch pädagogische Beurteilungsprozesse, in: Grundschule 2/1996, S. 8 ff.

Kaminski, Winfred: Elternhaus und Leseverhalten, in: Grundschule 1/1989

Knörzer, Wolfgang: Die psychischen Auswirkungen von Mißerfolgen in einem zentralen Schulfach, in: Dummer, Lisa (Hrsg.): Legasthenie. Bericht über den Fachkongreß 1984, Bundesverband Legasthenie e. V., Hannover 1985, S. 50-67

Köcher, Renate: Familie und Lesen. Eine Untersuchung über den Einfluß des Elternhauses auf das Leseverhalten, in: Archiv für Soziologie und Wirtschaftsfragen des Buchhandels LXIII, Frankfurt 1988, W 2273-W 2364

Köhler, Rosemarie: Über den Zauberspruch „macht nix", in: Grundschule 9/1995

Lesesozialisation. Eine Studie der Bertelsmannstiftung, Bd. 1, Hurrelmann, Bettina/Hammer, Michael/Nieß, Ferdinand: Leseklima in der Familie, Gütersloh 1993

Lichtenstein-Rother, Ilse: Leistungsbeurteilung in der Spannung zum pädagogischen Auftrag der Schule – erörtert am Beispiel ausgewählter Lernbereiche der Grundschule, in: Olechowski, Richard/Persy, Elisabeth (Hrsg.): Fördernde Leistungsbeurteilung, Wien/München 1987, S. 149 ff.

Maras, Rainer: Unterrichtsgestaltung in der Grundschule, Donauwörth, 6. überarb. Aufl. 1995

May, Peter: Schriftaneignung als Problemlösen, Europäische Hochschulschriften: Reihe 11, Pädagogik, Bd. 303, Frankfurt/M., Bern, New York 1986

May, Peter: Hamburger Leseprobe, hrsg. von der Freien und Hansestadt Hamburg, Behörde für Schule, Jugend und Berufsbildung, Amt für Schule, Referat S 13/11, Hamburg 1992

Menzel, Wolfgang: Übung, in: Heckt, Dietlinde H./Sandfuchs, Uwe (Hrsg.): Grundschule von A bis Z, Braunschweig 1993

Menzel, Wolfgang/Henze, Hanne: Arbeitstechniken, in: Praxis Deutsch 21/1977, S. 10-16

Menzel, Wolfgang: Leseübungen für die Grundschule, Braunschweig 1990

Muth, Jakob: Üben – Können – Ausüben, in: Die Grundschulzeitschrift 17/1988, S. 6-8

Niemann, Heide: Fürs Lesen interessieren, in: Grundschule 6/1995, S. 17

Niemann, Heide: Pippi Langstrumpf gehört einfach dazu, in: Grundschule 1/1991

Odenbach, Karl: Die Übung im Unterricht, überarb. Neuausgabe von Wolfgang Hinrichs, 7. Aufl., Braunschweig 1981

Praxis Deutsch, 21/1977 (Arbeitstechniken);

Praxis Deutsch, 104/1990 (Arbeitstechniken II), Seelze

Praxis Schule 5-10, 2/1990 (Arbeitstechniken, ...);
Praxis Schule 5-10, 6/1993 (Arbeitstechniken lehren und lernen), Braunschweig

Rübsamen, Britta/Erner, Jens: Ist das Lesebuch passé?, in: Grundschule 12/1993 (1. Teil), Grundschule 2/1994 (2. Teil)

Sandfuchs, Uwe: Immer wieder vernachlässigt: Arbeitstechniken, in: Praxis Schule 5-10, 6/1993, S. 6-8

Sandfuchs, Uwe: Arbeitstechniken: Grundlage selbständigen Lernens, in: Praxis Schule 5-10, 2/1990, S. 8-11

Scheerer-Neumann, Gerheid: Leseanalyse und Leseförderung: ein Tandem, in: Grundschule 4/1995

Scheerer-Neumann, Gerheid: Lesestrategien und ihre Entwicklung im 1. Schuljahr, in: Grundschule 10/1990, S. 20 ff.

Scheerer-Neumann, Gerheid: Prozeßanalyse der Leseschwäche, in: Valtin, Renate/Jung, Udo O. H./Scheerer-Neumann, Gerheid: Legasthenie in Wissenschaft und Unterricht, Darmstadt 1981, S. 183 ff.

Scheerer-Neumann, Gerheid: Entwicklungsprozesse beim Lesenlernen: eine Fallstudie, in: Beck, Manfred (Hrsg.): Schriftspracherwerb - Lese-Rechtschreibschwäche, Tübingen 1989

Scheerer-Neumann, Gerheid: Sa: Sa:tä:l Sattel: Leseprotokolle unter der Lupe, in: Brügelmann, Hans/Balhorn, Heiko (Hrsg.): Das Gehirn, sein Alfabet und andere Geschichten, Konstanz 1990, S. 258 ff.

Schneider, Wolfgang/Brügelmann, Hans/Kochan, Barbara: Lesen- und Schreibenlernen in neuer Sicht: Vier Perspektiven auf den Stand der Forschung, in: Brügelmann, Hans/Balhorn, Heiko (Hrsg.): Das Gehirn, sein Alfabet und andere Geschichten, Konstanz 1990, S. 220 ff.

Schott, Constanze: Die Insel der 1000 Gefahren, in: Praxis Grundschule 4/1993

Sengelhoff, Barbara: Und ich kann doch lesen. Lesespaß für Kinder (3. Teil), in: Grundschule 6/1995

Serve, Helmut J.: Das Unterrichtsprinzip der Übung, in: Seibert, Norbert/Serve, Helmut J. (Hrsg.): Prinzipien guten Unterrichts, München 1992, S. 221 ff

Speichert, Horst: *Richtig* üben macht den Meister, Reinbek 1985

Susteck, Horst: Leitgedanken für das Üben, in: Die Grundschulzeitschrift 17/1988, S. 28 f.

Teml, Hubert: Zielbewußt üben - erfolgreich lernen. Lerntechniken und Entspannungsübungen für Schüler, Linz 1989

Treder, Hildburg: Lesefreude durch gemeinsames Gestalten eines Leseumfeldes im Klassenraum, in: Die Grundschulzeitschrift 17/1988, S. 11-13

v. Wedel-Wolff, Annegret: Zum Lesen verlocken, in: Praxis Grundschule 4/1993

Vester, Frederic: Denken, Lernen, Vergessen, 10. Aufl. München 1983 (1. Aufl. 1975)

Wells, Gordon: Vorleser: Eltern, Lehrer, Kinder, übersetzt von Heiko Balhorn, in: Balhorn, Heiko/Brügelmann, Hans (Hrsg.): Welten der Schrift in der Erfahrung der Kinder, Konstanz 1987

Werschenberger Sprachfibeln Mappen A-D. Zu beziehen bei: AWOS - Oldenburg. Montage und Vertriebs GmbH, Bäkeplacken 25-27, 26129 Oldenburg

Zielinski, Werner: Wörterlesen. Unterschiede zwischen ungeübten und fortgeschrittenen Lesern in einem Laborexperiment, in: Balhorn, Heiko/Brügelmann, Hans (Hrsg.): Welten der Schrift in der Erfahrung der Kinder, Konstanz 1987, S. 246 ff.

Weitere Titel der Reihe PRAXIS PÄDAGOGIK

Hildegard Weiden
Sicher lesen und rechtschreiben
Mit Grundwortschatzlisten
auf der Grundlage der Rechtschreibreform

120 Seiten A5, kart.,
ISBN 3-14-**16 2001**-6, 20,- DM

Claus Claussen, Valentin Merkelbach
Erzählwerkstatt
Mündliches Erzählen

144 Seiten A5, kart.,
ISBN 3-14-**16 2022**-9, 24,- DM

Dietlinde H. Heckt, Eiko Jürgens (Hrsg.)
Anders kommunizieren lernen
Kommunikation mit Schülern und Schülerinnen,
im Kollegium und mit Eltern

168 Seiten A5, kart.,
ISBN 3-14-**16 2025**-3, 24,- DM

Claus Bubner, Christiane Mangold
Schule macht Theater

112 Seiten A5, kart.,
ISBN 3-14-**16 2021**-0, 20,- DM